1682

SAMMLUNG
METZLER

REALIEN ZUR LITERATUR
ABT. E:
POETIK

WERNER HOFFMANN

Altdeutsche Metrik

2., überarbeitete
und ergänzte Auflage

MCMLXXXI

J. B. METZLERSCHE VERLAGSBUCHHANDLUNG

STUTTGART

1. Aufl. (1.–5. Tsd.) 1967
2. Aufl. (6.–10. Tsd.) 1981

CIP-Kurztitelaufnahme der Deutschen Bibliothek

Hoffmann, Werner:
Altdeutsche Metrik / Werner Hoffmann. –
2., überarb. u. erg. Aufl. –
Stuttgart: Metzler, 1981.
   (Sammlung Metzler; M 64: Abt. E, Poetik)
   ISBN 3-476-12064-3
NE: GT

M 64

ISBN 3 476 12064 3

Das vorliegende Bändchen der ›Sammlung Metzler‹ soll den Leser mit den wichtigsten Fakten der altdeutschen Metrik vertraut machen. Dazu gehört nicht nur die Einführung in die Geschichte der altdeutschen Verskunst von ihren Anfängen bis zum Ausgang des Mittelalters, sondern auch – und hierauf habe ich besonderen Wert gelegt – die Einführung in die metrische Terminologie. Freilich: Die Fakten werden in der neuerdings wieder lebhaft in Fluß gekommenen Forschung vielfach nicht einheitlich gedeutet, die Grundbegriffe öfters abweichend definiert. Einführung in die »Realien« – die Grundlagen und den geschichtlichen Verlauf – der altdeutschen Verskunst kann darum immer nur bedeuten: Einführung in die derzeitige Forschungslage, ausdrücklicher Hinweis darauf, daß manches offen oder strittig ist. So muß der Leser, vielleicht zu seinem Mißbehagen, wiederholt mehrere, divergierende, Thesen kennenlernen. Andreas Heuslers als Ganzes nicht überholte, in vielen Einzelheiten allerdings der Revision bedürftige »Deutsche Versgeschichte« bildet dabei – auch hierin die Forschungslage widerspiegelnd – das Fundament meiner Darstellung, die daneben namentlich den Arbeiten Ulrich Pretzels verpflichtet ist.

Die Skizzierung gesicherter Fakten wie der Hinweis auf kontroverse Probleme ist nicht schon der eigentliche Sinn und Zweck eines Überblicks über die altdeutsche Metrik. Dieser ist vielmehr die Hinführung zum angemessenen Verständnis und zur Deutung dichterischer Texte. Die metrische Analyse und Interpretation ist Teil der Analyse und Interpretation des dichterischen Kunstwerks insgesamt. Die Metrik – als ›Verskunde‹ oder ›Verslehre‹ – muß hinführen zur ›Verskunst‹. Aber der Umgang mit Dichtung bedarf, wenn er nicht im Subjektiv-Unverbindlichen des gefühlhaften Eindrucks und Erlebens bleiben soll, eben des sachlich-begrifflichen Rüstzeuges wie der geschichtlichen Fundierung. Soweit es der begrenzte Raum erlaubt, soll diese Darstellung der altdeutschen Metrik hierfür die Grundlagen liefern. Daß dabei innerhalb des vorgegebenen Rahmens manches nicht oder nur kurz (und das heißt auch: unter Umständen vereinfachend) zur Sprache kommen kann, was an sich eine eingehendere und differenziertere Darlegung verdiente, versteht sich von selbst. Dies gilt namentlich auch für Grundbegriffe wie Akzent, Takt, Rhythmus, die im Grunde jeweils eine eigene Monographie erforderten.

Im Hinblick auf die sehr ausführliche Bibliographie in Ulrich Pretzels allgemein zugänglichem Beitrag über die »Deutsche Verskunst« in der ›Deutschen Philologie im Aufriß‹ wurden die Literaturangaben stark beschränkt und neben grundlegenden und zusammenfassenden älteren Werken vor allem (in Auswahl) repräsentative neuere Untersuchungen angeführt. Die Hinweise auf Pretzels Bibliographie beziehen sich immer auf die zweite Auflage der ›Deutschen Philologie im Aufriß‹. Im Text wird aus Pretzels »Deutscher Verskunst« grundsätzlich nur mit Angabe der Spaltenzahl nach der zweiten Auflage zitiert. Ebenso wird bei Andreas Heuslers häufig herangezogener »Deutscher Versgeschichte«, ohne ständige Wiederholung des Titels, nur der betreffende Paragraph genannt. Hervorhebungen innerhalb von Zitaten sind stets aus der Vorlage übernommen.

Frankfurt am Main, im Juli 1967   W. H.

VORWORT ZUR 2. AUFLAGE

Seitdem die 1. Auflage meiner »Altdeutschen Metrik« erschienen ist, ist keine grundlegend neue Konzeption der deutschen Metrik vorgelegt worden. Die Zahl der Einzeluntersuchungen zur Metrik und zur deutschen Versgeschichte des Mittelalters hat sich dagegen beträchtlich vermehrt. Die neu hinzugekommenen Publikationen sind in der 2. Auflage in nicht zu knapper Auswahl verzeichnet und ihre Ergebnisse in die Darstellung eingearbeitet worden, wo immer dies aus sachlichen Gründen notwendig oder doch zweckmäßig war. Auch darüber hinaus habe ich manches hinzugefügt. Insgesamt soll die größere Ausführlichkeit vor allem einer stärkeren Präzisierung und Differenzierung der Aussagen, so in der Kennzeichnung des gegenwärtigen Forschungsstandes, dienen. Das mag gelegentlich zu Lasten ›einfach‹ zu lernender Sachverhalte gehen. Aber dieser mögliche Nachteil wird, wie ich meine, aufgewogen durch das Mehr an Informationen, die die 2. Auflage des Bändchens im Vergleich mit der 1. Auflage bietet.

Mannheim, im August 1980   W. H.

INHALT

1. Kapitel: Grundlagen und Grundbegriffe 1

2. Kapitel: Die altdeutsche Stabreimdichtung 22

3. Kapitel: Otfrid von Weißenburg und der althochdeut-
            sche Reimvers 31

4. Kapitel: Die frühmittelhochdeutsche Zeit 51

5. Kapitel: Der mittelhochdeutsche Reimpaarvers 64

6. Kapitel: Mittelhochdeutsche epische Strophenformen . 81

7. Kapitel: Metrik der mittelhochdeutschen lyrischen
            Dichtung 97

8. Kapitel: Der deutsche Vers im ausgehenden Mittelalter
            und in der frühen Neuzeit – ein Ausblick . . 118

Sachregister 129

ABKÜRZUNGSVERZEICHNIS

Sprachen:

afrz.	altfranzösisch
ahd.	althochdeutsch
anord.	altnordisch
as.	altsächsisch
bair.	bairisch
dt.	deutsch
frmhd.	frühmittelhochdeutsch
frnhd.	frühneuhochdeutsch
frz.	französisch
germ.	germanisch
hd.	hochdeutsch
idg.	indogermanisch
lat.	lateinisch
mhd.	mittelhochdeutsch
nhd.	neuhochdeutsch
prov.	provenzalisch
srhfrk.	südrheinfränkisch

Grammatische Termini:

Dat.	Dativ
fem.	feminin
Gen.	Genitiv
Inf.	Infinitiv
mask.	maskulin
Pass.	Passiv
Pl.	Plural
Sg.	Singular

Dichtungstitel (nur in Verbindung mit Stellenangaben):

aH.	Hartmann von Aue: Der arme Heinrich
Gr.	Hartmann von Aue: Gregorius
Hl.	Hildebrandslied
Ludw.	Ludwigslied
MF	Des Minnesangs Frühling
NL	Nibelungenlied
O	Otfrid von Weißenburg: Evangelienbuch
Parz.	Wolfram von Eschenbach: Parzival
Tr.	Gotfrid von Straßburg: Tristan (Verszählung nach der Ausgabe Friedrich Rankes)
Wh.	Wolfram von Eschenbach: Willehalm

Sonstiges:

Diss.	Dissertation
Hs.	Handschrift

Str.	Strophe
v.	Vers

Wissenschaftliche Reihen, Zeitschriften, Sammelwerke:

ABÄG	Amsterdamer Beiträge zur Älteren Germanistik
AfdA	Anzeiger für deutsches Altertum und deutsche Literatur
Arch.	Archiv für das Studium der neueren Sprachen und Literaturen
ATB	Altdeutsche Textbibliothek
Aufriß	Deutsche Philologie im Aufriß, hg. von Wolfgang Stammler
Beitr.	Beiträge zur Geschichte der deutschen Sprache und Literatur
DU	Der Deutschunterricht
DVjs.	Deutsche Vierteljahrsschrift für Literaturwissenschaft und Geistesgeschichte
Et. Germ.	Etudes Germaniques
Euph.	Euphorion
GAG	Göppinger Arbeiten zur Germanistik
GGA	Göttingische Gelehrte Anzeigen
GRM	Germanisch-Romanische Monatsschrift
HSB	Sitzungsberichte der Heidelberger Akademie der Wissenschaften. Philosophisch-historische Klasse
JbIG	Jahrbuch für Internationale Germanistik
LJb.	Literaturwissenschaftliches Jahrbuch der Görres-Gesellschaft
MGG	Die Musik in Geschichte und Gegenwart [nähere bibliographische Angaben s. S. 19]
MLR	The Modern Language Review
MTU	Münchener Texte und Untersuchungen zur deutschen Literatur des Mittelalters
Neuphil. Mitt.	Neuphilologische Mitteilungen
RL	Reallexikon der deutschen Literaturgeschichte [nähere bibliographische Angaben s. S. 19]
SM	Sammlung Metzler. Realien zur Literatur
WdF, Bd. 15	Der deutsche Minnesang. Aufsätze zu seiner Erforschung, hg. von Hans Fromm, 1961, ⁵1972 (= Wege der Forschung, Bd. 15)
WdF, Bd. 154	Mittelhochdeutsche Spruchdichtung, hg. von Hugo Moser, 1972 (= Wege der Forschung, Bd. 154)
WdF, Bd. 444	Die Genese der europäischen Endreimdichtung, hg. von Ulrich Ernst und Peter-Erich Neuser, 1977 (= Wege der Forschung, Bd. 444)
WSB	Sitzungsberichte der Akademie der Wissenschaften zu Wien. Philologisch-historische Klasse
WW	Wirkendes Wort
ZfdA	Zeitschrift für deutsches Altertum und deutsche Literatur
ZfdPh	Zeitschrift für deutsche Philologie

1. KAPITEL

GRUNDLAGEN UND GRUNDBEGRIFFE

1. Verswissenschaft und Versgeschichte

So wie die Begriffe ›Sprachwissenschaft‹ und ›Literaturwissenschaft‹ gegenüber ›Sprachgeschichte‹ und ›Literaturgeschichte‹ als Oberbegriffe gelten müssen, so auch der der *Verswissenschaft* gegenüber dem der *Versgeschichte*: die Geschichte des Verses (›Vers‹ hier nicht zu verstehen als ›Verszeile‹, sondern im Sinne der ›gebundenen Rede‹ überhaupt) ist nur ein Teilgebiet der Verswissenschaft. Der Terminus ›Verswissenschaft‹ wird aber noch in einer zweiten, engeren Bedeutung gebraucht: zur Bezeichnung der Gesamtheit der (systematischen und vergleichenden) Bemühungen um die Erhellung des Phänomens des Verses als solchen, etwa der Frage nach seinem Ursprung und Wesen und nach dem Verhältnis der Verssysteme zur Sprache – ›Metrik‹ als Komplementärbegriff zu der historischen, ›diachronen‹ Untersuchung und Darstellung des Verses. In Übereinstimmung mit den Bezeichnungen ›Allgemeine Sprachwissenschaft‹ und ›Allgemeine Literaturwissenschaft‹ verwendet man für diese Forschungsrichtung in ihrer weitesten Ausprägung am besten den Begriff *Allgemeine Verswissenschaft*. Er schließt ein, daß ihr Gegenstand nicht die Verskunst einer einzelnen Sprache (zum Beispiel des Deutschen oder des Französischen) oder auch einer Gruppe von Sprachen (wie der germanischen oder der romanischen) ist – anders als der der Versgeschichte –, wenngleich die Allgemeine Verswissenschaft in weitem Umfang an die Ergebnisse der einzelnen (›besonderen‹ oder ›speziellen‹) Verswissenschaften anknüpft, auf ihnen aufbaut und aus ihnen allgemeingültige Schlüsse zu ziehen sucht. In ihr ist der Vergleich ein besonders wichtiges Verfahren, und die metrische Forschung kann ausdrücklich als *Vergleichende Verswissenschaft* betrieben werden.

Wissenschaftssystematisch gesehen, handelt es sich bei der Verswissenschaft um einen Teilbereich der Literaturwissenschaft, diese hier im eingegrenzten Sinne verstanden als Wissenschaft von der Dichtung. Aus ihrem Gegenstand folgt unmittelbar, daß sie in hohem Maße *Kunst*wissenschaft ist: der Metriker betrachtet Dichtung von vornherein wesentlich als Sprachkunst. Die Sprache ist jedoch zugleich immer Bedeutungs- und Sinnträger, die künstlerische, auch die metrische, Form existiert nicht losgelöst vom ›Gehalt‹ (sowenig wie dieser losgelöst von jener). Der ›Gehalt‹ aber realisiert sich unter geschichtlichen Voraussetzungen und in

1

geschichtlichen Bezügen, auch solchen geistesgeschichtlicher Art. Und auch unter metrischem Aspekt ist die Geschichtlichkeit des Kunstwerks nachdrücklich zu betonen. Der Dichter, der ein Werk in einer bestimmten Strophen- oder Gedichtform verfaßt, steht in der Regel in einer Tradition, die er oft bewußt aufgreift, pflegt oder abwandelt. So ist für die Metrik ganz besonders die dichtungsgeschichtliche Perspektive bedeutsam, und es ist innerlich vollauf berechtigt, ja notwendig, daß Darstellungen der dt. Verskunde weithin Darstellungen der dt. Versgeschichte sind, in denen nach einer einleitenden Verständigung über Grundprobleme und Grundbegriffe des dt. Verssystems die geschichtliche Entfaltung der dt. Verskunst behandelt wird.

2. Das Wesen des Verses

Der Unterschied zwischen Vers und Prosa, gebundener und ungebundener Rede liegt wesentlich im Rhythmus. Auch der Prosa eignet Rhythmus – was beide unterscheidet, ist das Maß an Regelmäßigkeit und Ordnung: der Versrhythmus ist geregelt, der Prosarhythmus nicht. Für den Vers ist konstitutiv, daß herausgehobene Sprechteile in annähernd gleichem Abstand wiederkehren. Eben durch die Gleichheit des Abstandes der herausgehobenen Sprechteile unterscheidet sich der Vers von der Prosa. Daraus folgt unmittelbar, daß derjenige, der die innere Bewegung eines Verses erfaßt hat, der in seinen Rhythmus eingeschwungen ist, den nächsten gehobenen Sprechteil, die nächste metrisch betonte Silbe, ›vorauserwarten‹ kann. Das Phänomen der *Vorauserwartung,* mit Wolfgang *Kayser* zu sprechen (»Das sprachliche Kunstwerk«, [18]1978, S. 247), ist für den Vers von entscheidender Bedeutung.

Zur Hervorhebung einer Silbe, zu ihrer Betonung bedienen sich die Sprachen mehrerer Möglichkeiten. Die Abstufung nach der Tondauer pflegt man *quantitativen Akzent* zu nennen, die nach der Tonhöhe *musikalischen* (oder melodischen) *Akzent,* die nach der Tonstärke *dynamischen Akzent* (oder auch Druckakzent, Intensitätsakzent u. a.), wobei diese Bezeichnungen zwar eingebürgert, aber nicht voll befriedigend sind. Für den germ. und also auch den dt. Vers ist wesentlich, daß die Betonung primär durch die Tonstärke – phonetisch gesprochen: die größere Schallfülle –, durch den dynamischen Akzent gegeben ist, während die anderen Möglichkeiten der Hervorhebung nur sekundär benutzt werden. Umgekehrt ist für den antiken Vers die Tondauer maßgebend, das heißt: der antike Vers bestimmt sich als die geregelte Folge langer

(–) und kurzer (◡) Silben, von denen jeweils eine bestimmte Kombination ein *Metrum* (einen *Versfuß*) bildet.

Im Lateinischen ist jede Silbe lang, die einen langen Vokal oder einen Diphthong enthält. Sie ist dann von Natur lang (z. B. *laūdō*). Sie kann aber auch durch Position (Stellung, Lage; Vereinbarung, Festsetzung) lang sein, wenn auf einen kurzen Vokal ein Doppelkonsonant (außer qu) oder mehrere Konsonanten folgen. Die Dehnung des Vokals vor -gn ist strittig. Da die antiken Bezeichnungen auch in der dt. Metrik geläufig sind, seien die wichtigsten hier angeführt: Jambus ◡ –; Trochäus – ◡; Spondeus – –; Daktylus – ◡ ◡; Anapäst ◡ ◡ –; Amphibrachys ◡ – ◡; Kreticus oder Amphimacer – ◡ –.

Die beiden zuletzt genannten sind wie andere, hier nicht erwähnte antike Versfüße für den dt. Vers im allgemeinen ohne Bedeutung.[1]

Der dt. Vers dagegen ist dadurch charakterisiert, daß die tonstarken Silben in (nahezu) gleichem Abstand wiederkehren. Wenn man nun das antike Verssystem *quantitierend* (oder mit Andreas Heusler [vgl. § 88 ff.] »messend«), das germ. *akzentuierend* (oder wiederum mit Heusler »wägend«) nennt, so bedeutet das nicht, daß nicht auch andere Möglichkeiten der Hervorhebung in Betracht kommen. Die Frage, inwieweit auch in der antiken Metrik dynamische Auszeichnungen eine Rolle spielen, ist im einzelnen zwar kontrovers; daß aber für den germ. Vers auch das ›Messen‹, die Quantitätsverhältnisse, nicht ohne Bedeutung sind, ist unbestreitbar.

Die metrisch betonte Silbe ist die *Hebung* oder der *Iktus* (wobei man grob zwischen Haupt- und Nebenhebungen unterscheidet), die metrisch unbetonte Silbe die *Senkung*. Die gleiche Zeitspanne zwischen den Ikten nennen wir mit Andreas Heusler *Takt*. Man begrenzt ihn so, daß man ihn jeweils mit einer Hebung beginnen läßt. Was dem ersten Iktus einer Verszeile vorausgeht, pflegt man, in Übereinstimmung mit dem Sprachgebrauch in der Musiklehre, als *Auftakt* zu bezeichnen. Andreas *Heusler* ist der Meinung, daß es eben der Takt ist, der den Vers konstituiert, der ihn von der Prosa unterscheidet. Er definiert: »›Verse‹ sind uns taktierte, takthaltige Rede« (§ 5). Diese Auffassung muß heute als fraglich, ja als

---

[1] Zur Vermeidung von Mißverständnissen sei hervorgehoben, daß in der antiken Metrik Jamben, Trochäen und Anapäste (nicht aber Daktylen!) eigentlich Dipodien, ›Doppelfüße‹, sind, daß dort also ein Metron z. B. aus zwei Jamben im heutigen Sinne besteht: ◡ – ◡ –. Ein jambischer Dimeter umfaßt, wie der Name besagt, deshalb nach antiker Messung nur zwei jambische Versfüße, während es nach der späteren Auffassung vier sind: ◡ – ◡ – ◡ – ◡ –.

unhaltbar gelten. Zwar ist die überwiegende Zahl der dt. Verse ›taktierte‹, ›takthaltige‹ Rede; aber für den germ. Stabreimvers (vgl. u., S. 25 ff.), vielleicht auch für Teile der frmhd. Dichtung (vgl. u., S. 56) und gewiß für viele moderne Verse ist das Taktprinzip unangemessen, weil es die sprachliche Äußerung und die rhythmische Bewegung in ein Schema zwängt, das ein ähnliches »Streckbett« (Heusler, § 11) sein kann, wie es die antiken Formeln und Termini durch Jahrhunderte hindurch für den dt. Vers gewesen sind. Gegen den Heuslerschen Taktbegriff läßt sich weiterhin einwenden, daß die Takte im Vortrag des Verses gar nicht hörbar werden (bzw. nicht hörbar werden müssen) und daß das Taktprinzip darum Augenphilologie sei. Dies gilt insbesondere für die Taktgrenze, die des öfteren den einheitlichen Wortkörper zerschneidet. In dem folgenden Beispiel trennt die eine Taktgrenze das Präfix *ge-* vom Verbum ab, eine zweite liegt sogar innerhalb des Eigennamens: *si | sprach: »ge | denke, | Rüede | gēr«* (NL 2151,1).[1] Dennoch hat sich Heuslers Ansatz allen anderen Versuchen, von *einem* Prinzip aus die Gesamtheit der dt. Versgeschichte in den Griff zu bekommen, als überlegen erwiesen. Sein Taktprinzip ist, wenn man von bestimmten Übersteigerungen absieht, nach wie vor brauchbar und zumindest als Hilfskonstruktion kaum entbehrlich.

Insofern nun der Takt ein Zeitmaß ist, ist auch für den dt. Versbau die Länge oder Kürze, die Dehnbarkeit oder Nichtdehnbarkeit der Silben nicht ohne Bedeutung. Ulrich Pretzel hat den Sachverhalt besonders klar formuliert: »Für die Betonung, d. h. die Placierung des Akzents, ist im wägenden, durch Akzentverstärkung betonenden Vers, wie es der deutsche ist, Kürze oder Länge einer Silbe grundsätzlich irrelevant. Für die Takt*füllung* aber spielt [. . .] Länge oder Kürze eine Rolle« (Sp. 2371). Im altdt. Vers – beim neudt. liegen die Verhältnisse anders – erweisen Erscheinungen wie die beschwerte Hebung oder die sorgfältige Unterscheidung zwischen zweisilbig klingenden und zweisilbig vollen Kadenzen in der mhd. Dichtung die Relevanz der Länge bzw. Dehnbarkeit der Silben aufs deutlichste. In Übereinstimmung mit der antiken Regelung gelten als metrisch lange (Starkton-)Silben im Deutschen solche, die einen langen Vokal oder Diphthong enthalten, und diejenigen mit einem kurzen Vokal, die durch doppelte

---

[1] Daran ändert natürlich auch nichts, wenn man unter prinzipieller Beibehaltung des Taktbegriffs in der Notation, d. h. graphisch, auf Taktstriche verzichtet mit der Begründung, sie seien redundant, da die Bezeichnung der Hebungen die Gliederung des Verses genügend heraustreten lasse (so Friedrich Neumann, S. 621).

oder einfache Konsonanz gedeckt werden, während kurze Silben nur solche Tonsilben sind, die auf einen kurzen Vokal ausgehen. Im Unterschied zur Positionslänge im antiken Vers, für die mehrfache oder doppelte Konsonanz erforderlich ist, genügt beim dt. Vers die Deckung durch *einen* Konsonanten (vgl. Andreas Heusler, § 73), *ně|men* ist phonetisch und metrisch kurz, *nim* kann als metrische Länge auftreten. Hier ist der Nasal der phonetische Träger der Silbenlänge. Nach Heusler sind aber auch Wörter wie *gip* (im Unterschied zu *gě|ben*) oder *got* mögliche metrische Längen. Der Verschlußlaut (Okklusivlaut) kann nun allerdings die Längung nicht übernehmen, und insofern dürfen die Monosyllaba unter dem Gesichtspunkt ihrer Dehnbarkeit nicht als gleichartig betrachtet werden. Gleichwohl gilt: »Ein Konsonant genügt in jedem Fall zur Positionslänge« (Otmar Werner, S. 126). Die Annahme der prinzipiellen Dehnbarkeit der Monosyllaba kann sich auf Fakten stützen, die die dt. Versgeschichte bereithält (vgl. u., S. 69), auch wenn man den Befund manchmal anders interpretieren muß, als Heusler es getan hat. Daß dabei einsilbige Wörter mit Kurzvokal und folgendem Dauerlaut (Kontinuantlaut), z. B. *m*, häufiger als metrische Länge fungieren als solche mit Verschlußlaut, z. B. *p*, *t*, ist von vornherein zu erwarten.

Ist für die Placierung des metrischen Akzents im Deutschen die Quantität der Silbe grundsätzlich irrelevant, so ist sie (weithin) gebunden an die sprachliche Betonung. Andreas Heusler hat diesen schon von Martin Opitz in seinem »Buch von der Deutschen Poeterey« (1624) vertretenen Grundsatz so formuliert: »Sprach- und versgerechte germanische Verse entstehen, wenn Iktus und Betonung im Einklang sind« (§ 67). Die Verletzung dieses Grundsatzes dergestalt, daß sprachlich betonte Silben in die Senkung gestellt werden und daß auf sprachlich unbetonte Silben ein Iktus trifft, nennt man *Tonbeugung*. Im Meistersang und bei Dichtern (und Theoretikern), die antike Metren im Deutschen sklavisch nachahmten, hat es nicht an bewußten Tonbeugungen gefehlt. Inwieweit in mhd. Zeit mit ihnen zu rechnen ist, ist strittig (vgl. u., S. 67). Bei der Beurteilung von tonbeugenden Versen hat man auch folgendes zu bedenken: Bestimmte Wörter erlauben im Deutschen eine unterschiedliche sprachliche Betonung (z. B. *warúm*: *wárum*; man vergleiche auch etwa die Erscheinung der sog. Kontrastbetonung), so daß hier der Begriff ›Tonbeugung‹ von vornherein nicht herangezogen werden kann. Besonders wichtig ist, daß in gesungener Dichtung die Verletzung des Grundsatzes vom Einklang zwischen Iktus und sprachlicher Betonung weniger stark hervortritt, weniger stark empfunden wird. Zahlreiche Kirchenlieder weisen

Tonbeugungen auf, etwa Philipp Nicolais bekanntes Lied »Wie schön leuchtet der Morgenstern«: *Wie schön leuchtét der Mórgenstérn.* Je bekannter, geläufiger, vertrauter ein Lied ist, um so weniger empfindet man die Verletzung des ersten Grundsatzes des akzentuierenden dt. Verses (sofern man nicht metrisch geschult ist). Es ist ein ähnliches Phänomen wie jenes, daß unreine Reime um so weniger auffallen, je geläufiger uns die Verse sind, die sie enthalten. Eine krasse Tonbeugung kann öfters vermieden werden durch die sog. *schwebende Betonung.* Sie besteht darin, daß man die ›natürliche‹ sprachliche Betonung und die vom metrischen Schema vorgeschriebene gewissermaßen ausgleicht, indem man den sprachlichen und den metrischen Akzent einander annähert, also eine Einebnung der Akzentuierung, eine Dämpfung der rhythmischen Kurve vornimmt. Andreas *Heusler* hat die schwebende Betonung zu den »Kunstgriffen des *Vortrags*« gerechnet (§ 58), in ihr nur ein Mittel zur »Verschleierung« der Tonbeugung gesehen und ausdrücklich formuliert: »Schwebende Betonung kommt überhaupt nur in Frage bei *kranken* Versen, d. h. tonbeugenden, sprachwidrigen« (ebd.; vgl. sein Wort vom »Krankenmittel der schwebenden Betonung«, § 379). Demgegenüber hat Ulrich *Pretzel* nachweisen können, daß schwebende Betonung nicht nur diesen Zweck hat, sondern ein Stil- und Ausdrucksmittel des Dichters mit bestimmter Funktion sein kann (vgl. Sp. 2429 ff.). Zur Bezeichnung der schwebenden Betonung verwendet man mit Ulrich Pretzel am besten das Zeichen ⌣, also z. B. *mĩnne.*

3. Zur metrischen Zeichensprache

Ehe wir uns detaillierter der Klärung einer Reihe von metrischen Grundbegriffen zuwenden, ist es notwendig, den Leser mit der metrischen Zeichensprache vertraut zu machen, deren wir uns fortan bedienen. Freilich gibt es in der dt. Verslehre keine, die allgemeine Geltung hätte. Unzulänglich, irreführend oder überhaupt unbrauchbar ist für die Wiedergabe dt. Verse das Strich-Haken-System der antiken Metrik (– ⌣), dort zur Bezeichnung von Länge und Kürze dienend, im Deutschen umgedeutet auf betonte und unbetonte Silben. Wir legen Andreas *Heuslers* verbreitete, an die Notenschrift angelehnte metrische Zeichensprache zugrunde, in der folgende Zeichen verwendet werden:

⌣	vier Viertel	°	zeitlich unbestimmter Silben-
⌞	drei Viertel		wert (in der Eingangssenkung
—	eine Halbe		der »Auftaktriesen«, s.u., S. 24)
×·	drei Achtel	∧	das pausierte Viertel
×	ein Viertel	´	Haupthebung
◡	ein Achtel	`	Nebenhebung
⌒	ein Sechzehntel	|	Taktstrich
		‖	Versgrenze
		ǀ	Zäsur im Versinnern (vgl. § 43)

Heuslers Zeichensprache hält die Mitte zwischen der anzustrebenden Genauigkeit und Differenzierung einerseits und einer Überkomplizierung der Zeichen andererseits, die leicht zu subjektiver Willkür führt, und hat sich trotz der starken Anlehnung an die musikalische Notation im ganzen bewährt.

Ein wesentlich vereinfachtes System benutzt Ulrich *Pretzel*: x bezeichnet den Taktteil (die Silbe, wobei die Quantität offenbleibt), X die betonte Silbe (wenn sie mit besonderem Nachdruck gesprochen wird, kann Fettdruck unterstützend zur Größe des Zeichens hinzutreten), X den Nebenton, ∧ wie bei Heusler die Pause. Ähnlich wie Pretzel, aber mit Akzentzeichen arbeitend (was praktische Vorteile hat), hat auch Wolfgang *Kayser* eine dreifache Abstufung des Zeichens x versucht (»Das sprachliche Kunstwerk«): x Senkung, x́ Haupthebung, x̀ Nebenhebung. Es ist dabei zu beachten, daß x auch hier nicht den Zeitwert eines Viertels hat, sondern jeder Silbe zugeordnet wird.

4. Der metrische Rahmen

Um die Versordnung, das *metrische Schema* oder den *metrischen Rahmen* eines Gedichtes beschreiben (und dann auch deuten) zu können, bedarf es mehrerer Stufen der Beobachtung. Zu ermitteln ist 1. die Taktzahl der Verse, 2. die Taktart, 3. die metrische Perioden- oder Gruppenbildung.

Die Zahl der Takte ist mit der Hebungszahl identisch, sofern nicht mit pausierten, d.h. sprachlich nicht realisierten Hebungen zu rechnen ist, wie z.B. in den drei ersten Abversen der Nibelungenstrophe. Der Takt ist nun aber nicht die kleinste metrische Einheit, vielmehr besteht er aus *Taktteilen*. Den Grundwert des Viertels (♩) bezeichnen wir als *Mora* (auch More), in Heuslers Notation ×, die Halbe entsprechend als Doppelmore, wobei zu beachten ist, daß es sich nicht um absolute Zeitangaben handelt, sondern um relationale Größen, für die die Mora der Bezugswert ist. Heusler unterscheidet vier *Taktarten oder Taktgeschlechter* (§ 33). Wir begnügen uns damit, zwei anzuführen: den zweiteili-

gen Takt oder Zweivierteltakt: | x́ x | und den dreiteiligen Takt
oder Dreivierteltakt: | x́ x x | . Unter Verwendung der antiken
Terminologie lassen sich Verse aus zweiteiligen Takten auch als
jambotrochäisch, aus dreiteiligen auch als daktylisch bezeichnen.
Taktwechsel, d.h. die Verbindung verschiedener Taktarten in
einem Gedicht, ist möglich. Mora und Takt sind immer nur
Glieder einer höheren Einheit; der *Vers* dagegen kann bereits die
oberste metrische Einheit sein. (Die Bezeichnung ›Zeile‹ i.S.v.
›Vers‹ sollte man an sich vermeiden und diesen Begriff der gedruckten Prosazeile vorbehalten; doch wird er selbst in metrischen
Spezialuntersuchungen auch für ›Vers‹ gebraucht, namentlich in
Komposita. Wo eine Unterscheidung des Begriffsinhaltes von
›Vers‹ im Sinne der gebundenen Rede überhaupt und als Einzelvers
erforderlich ist, kann man von diesem auch als ›Verszeile‹ sprechen.) Verse bis zu vier Hebungen nennt man kurz, Verse mit fünf
und mehr Hebungen lang (kurze und lange Verse oder kurze und
lange Zeilen – nicht etwa Langverse oder Langzeilen!). Die
zunächst mechanisch anmutende Unterscheidung hat ihren guten
Grund, weil erfahrungsgemäß Verse bis zu vier Takten eine Einheit
bilden, zumindest keinen Einschnitt erfordern (wenngleich erlauben), während längere Verse durchweg der Gliederung bedürfen,
und um so mehr, je länger sie sind. Einen Einschnitt im Vers
bezeichnet man als *Zäsur* (Schnitt, Versschnitt). (In der antiken
Metrik und auch in der an ihr orientierten dt. wird von dem Begriff
der Zäsur der der *Diärese* getrennt. Zäsur ist dann nur der Einschnitt, der innerhalb eines Versfußes liegt, Diärese dagegen der,
bei dem Wortende und Ende des Versfußes zusammenfallen.) Wir
verwenden den Begriff ›Zäsur‹ für alle Arten von Einschnitten,
sowohl für freie, variable wie für feste, während Andreas Heusler
die letzteren, z.B. beim Langvers, nicht als Zäsuren, sondern als
Versgrenzen auffaßt.

Dichtungen, in denen es über dem Einzelvers keine metrischen
Gruppen gibt, nennt man *stichisch* (vom griech. στίχος ›Vers,
Zeile‹). Hierher gehören Blankversdramen und Hexameterepen,
nicht aber die mhd. Reimpaardichtung, in der – wie der Name sagt
– je zwei Verse zu einer metrischen Einheit verbunden sind. Da es
sich aber andererseits um keine Strophenbildung handelt, ist für sie
die Bezeichnung *unstrophisch* angemessen. Die Periode der höch-
sten Ordnung innerhalb eines Gedichtes ist die Strophe. Zumal in
der altdt. Verskunst, etwa im Minnesang, kehrt in den Strophen
jeweils die gleiche metrische Periode, das gleiche metrische Schema
wieder – hier gehört zum Begriff der Strophe die Gleichheit. Es
gibt aber auch Fälle, wo die oberste metrische Einheit innerhalb

eines Gedichtes nach Länge und Bau variiert; man spricht dann von *ungleichstrophigen Gedichten*. Dabei muß jeweils untersucht werden, ob hier wirklich Strophen vorhanden sind oder eine *freie Gruppenbildung* (vgl. Andreas Heusler, § 39; zum Unterschied Lied – Leich s. u., S. 111 ff.).

5. Die Versfüllung

Zur metrischen Analyse einer Dichtung genügt die Ermittlung des metrischen Rahmens nicht – die Untersuchung der *Versfüllung* muß hinzutreten, d. h. die der konkreten sprachlichen und metrischen Verwirklichung des Schemas, das sich in ihr abwandelt. So ist es keineswegs notwendig, daß auf jeden Taktteil eine Silbe fällt, sondern eine Silbe kann den Zeitwert zweier Moren beanspruchen, auf eine Halbe gedehnt werden, umgekehrt kann für zwei Silben nur eine More zur Verfügung stehen, so daß für das Viertel (×) zwei Achtel (⌣ ⌣) eintreten: sog. *Spaltung (oder Auflösung) der Hebung* (⌣́ ⌣ ×) *bzw. der Senkung* (×́ ⌣ ⌣). Das Schema des mhd. Reimpaarverses mit vier Zweivierteltakten kann sprachlich z. B. folgendermaßen realisiert werden (vgl. dazu u., S. 67 ff.). Zwischen den verschiedenen Stärkegraden des Akzentes wird in allen Beispielen im allgemeinen nicht unterscheiden; Ausnahme etwa: die Unterscheidung zwischen Haupt- und Nebenhebung bei ›beschwerter Hebung‹):

ein ritter sō gelēret was   (aH. 1)
× | ×́ × | ×́ × | ×́ × | ×́ ∧

ez wart durch triuwe getān   (Tr. 2030)
× | ×́ × | ⌐ | ×́ × | ×́ ∧

sus kērten sī mit maneger clage   (Tr. 7490)
× | ×́ × | ×́ × | ⌣́ ⌣ × | ⌣́ ⌣ ∧

nie wībe mit manne wart sō wol   (Ulrich von Türheim, Tristan,
× | ×́ ⌣ ⌣ | ×́ × | ×́ × | ×́ ∧   v. 1782)

An diesen Beispielen läßt sich eine Eigentümlichkeit der dt. Sprache ablesen: die gleiche Silbenquantität kann metrisch unterschiedlich genutzt werden, mit anderen Worten: der dt. Sprache eignet eine gewisse Plastizität für die metrische Formung im Sinne einer prosodischen Plurivalenz. So kann in den obigen Beispielen die lange Silbe ebensowohl den Zeitwert eines Viertels einnehmen wie

den einer Doppelmore; die kurze Silbe kann gleichfalls einen
Taktteil erfüllen, aber auch nur ein Achtel.

Die Untersuchung der Versfüllung hat sich auf die sog. *drei
Versgegenden* zu erstrecken: auf den *Eingang des Verses*, das
Versinnere und den *Ausgang des Verses*. Bei der Untersuchung des
Verseingangs handelt es sich um die Frage, ob der Vers *auftaktig*
oder *auftaktlos* beginnt. Während in manchen Versarten der Auftakt stehen oder fehlen kann, z. B. beim ›klassischen‹ mhd. Reimpaarvers, gibt es andere, bei denen er entweder ausgeschlossen ist,
etwa beim Hexameter, oder aber stehen muß (so bei rein jambischen Versen): *gebundener Auftakt*. Bei auftaktigen Versen ist
jeweils die Zahl der im Auftakt stehenden Silben anzugeben; diese
kann je nach der Versart fest (z. B. einsilbig) oder beweglich sein
(eine Silbe oder mehrere umfassen). Im Versinnern ist ebenfalls die
Silbenzahl zu untersuchen (vgl. das oben zur Dehnung langer
Silben auf eine Doppelmore und zur Spaltung der Hebung und der
Senkung Gesagte). Daß nicht auf jeden Zeitteil eine Silbe fallen
muß, sondern die Zahl der Taktteile und der sie sprachlich erfüllen-
den Silben sich unterscheiden kann, ist mit dem Begriff der *Füllungsfreiheit* zu erfassen. Auch auf das Vorkommen von Binnen-
pausen im Versinnern ist zu achten, z. B.:

> ez wære man oder wīp   (Parz. 117, 21 u. ö.):
>
> ✕ | x́ ✕ | x́ ∧ | x́ ✕ | x́ ∧.

Schließlich muß die Abstufung der Ikten, zumindest als Haupt-
und Nebenhebung, untersucht werden. Besondere Aufmerksamkeit verlangt die Untersuchung des Versausganges, der sog.
Kadenz. Wir verstehen darunter die sprachliche Füllung des Verses
von der letzten Haupthebung an. Näheres hierzu s. u., S. 33,
S. 57 f., S. 71 f.

Der Einzelvers steht niemals isoliert, sondern ist Glied einer
höheren Einheit; selbst in stichischen Dichtungen ist er zwar nicht
in eine metrische, wohl aber in eine syntaktische Periode einge-
spannt. Darum ist bei einer metrisch-rhythmischen Analyse auch
zu achten auf das Verhältnis der Verse untereinander, d. h. auf die
Frage, ob beim Übergang von einem Vers zum anderen die rhythmische Bewegung unterbrochen ist oder sich ohne Unterbrechung
fortsetzt, weiterhin auf das Verhältnis von metrischer und syntaktischer Periode und schließlich, in der Reimdichtung, auf das Verhältnis von Satzbindung und Reimbindung, also auf das Verhältnis
von Vers und Vers, Satz und Vers, Satz und Reim. Zu den
Einzelheiten s. u., S. 73 ff.

6. Metrum und Rhythmus

Die Untersuchung des metrischen Rahmens hat es jeweils mit einem Schema zu tun, wie es Hunderte und Tausende Male vorkommt, weshalb es auch über das je Besondere des Gedichtes noch nichts Entscheidendes aussagt. Die Untersuchung der Versfüllung, der individuellen Verwirklichung des Schemas, ist dagegen Bestandteil der rhythmischen Analyse. Metrum und Rhythmus – und entsprechend Metrik und Rhythmik – müssen durchaus unterschieden werden, sind freilich aufeinander bezogen. Das Problem des Rhythmus, das damit noch einmal berührt ist, kann hier nicht im einzelnen abgehandelt werden; nur einige Bemerkungen sind in diesem Zusammenhang möglich. Der Begriff des Rhythmus ist einer der am meisten diskutierten innerhalb der Verswissenschaft und bekanntlich auch außerhalb von ihr gang und gäbe. Versteht man unter Rhythmus allgemein die ›gleichmäßige‹ Gegliedertheit eines Bewegungsablaufs, die Wiederkehr ›gleicher‹ Erscheinungen, Vorgänge, Zustände nach der ›gleichen‹ Zeitspanne, dann ist deutlich, daß das Phänomen des Rhythmus in der Natur, im Organischen und Kosmischen weit verbreitet und darum auch ein Gegenstand philosophischer Reflexion (oder Spekulation) ist. So hat ihm ein Philosoph wie Ludwig *Klages* eine beachtenswerte Untersuchung gewidmet (»Vom Wesen des Rhythmus«, 1934, [2]1944; Klages versteht unter Rhythmus die Wiederkehr des Ähnlichen, dagegen unter Takt die Wiederholung des Gleichen). Wie immer man den Begriff ›Rhythmus‹ im einzelnen definiert: Klarheit besteht darüber, daß der Versrhythmus die je individuelle, besondere Verwirklichung und Variation des metrischen Schemas meint. Gedichte mit dem nämlichen metrischen Schema können sich rhythmisch gleichwohl erheblich voneinander unterscheiden (ein instruktives Beispiel gibt anhand dreier Gedichte Wolfgang Kayser, Kleine deutsche Versschule, [20]1980, S. 100ff.) und darüber hinaus selbstverständlich auch, vom Inhalt ganz abgesehen, in der Sprachmelodie und in der Lautform, die Andreas Heusler, im Gegensatz zu anderen Metrikern, aus dem Betrachtungsfeld der Verswissenschaft ausscheidet. Es fehlt nicht an Beispielen, daß die metrische Gliederung und ihre rhythmische Verwirklichung einander nahekommen, ja sich geradezu decken, was auf längere Strecken den Eindruck der Monotonie erweckt; sie können aber auch in einem erheblichen Widerstreit und Gegenlauf zueinander stehen. Als Extreme sind anzuführen: Der Zusammenfall von Metrum und Rhythmus, zumindest die völlige Präponderanz des Metrums über den Rhythmus, ertötet diesen; ist das Metrum aber bedeutungslos, dann verflüchtigt sich der Rhythmus, und die Eigenart des Verses wird von ihm, der ihn doch konstituieren sollte, aufgehoben. Aufs Ganze gesehen, ist das Verhältnis von Metrum und Rhythmus als ein Spannungsverhältnis unterschiedlicher Stärke zu charakterisieren. Dies gilt namentlich für die Relation der metrischen Einheiten, der Takte und der Verszeilen, zu den rhythmischen Einheiten. Man nennt die kleinste sprachlich-rhythmische Einheit, die u. E. zugleich eine Sinneinheit ist, also keinen Wortkörper zerschneiden darf, ein *Kolon* (Pl. Kola). Die Kolongrenze muß nicht mit einer Atempause zusammentreffen, doch wäre hier bei langsamem Vortrag eine Atempause möglich. Kolon- und Versgrenze können sich decken, aber auch im Widerstreit stehen, sei es, daß ein Vers mehrere Kola umfaßt, sei es, daß der rhythmische Fluß das Versende ohne Einschnitt überspült. Wir geben für das Verhältnis der metrischen und der rhythmischen Gliederung ein Beispiel. In Walthers sog. Alterston (66, 21 ff.) weist die erste Verszeile jeder Strophe jeweils folgendes Schema auf:

$$\times \mid \acute{\times} \times \mid \acute{\times} \times \mid \acute{\times} \times \mid \acute{\times} \wedge.$$

In der der ersten Strophe *Ir reinen wīp, ir werden man* heben sich deutlich zwei gleich lange Kola heraus, während man z. B. die der letzten Strophe *mīn sēle müeze wol gevarn* als eine rhythmische Einheit auffassen wird; in der dritten Strophe ist der Eingangsvers *Welt, ich hān dīnen lōn ersehen* wiederum aus zwei Kola zusammengesetzt, die jedoch von sehr unterschiedlicher Länge sind. Es lassen sich aber noch feinere Einschnitte beobachten. So ist in dem Vers *mīn sēle müeze wol gevarn* ein solcher kaum wahrnehmbarer Einschnitt nach *sēle* denkbar. Inwiefern man auch hier mit zwei Kola rechnet, ist eine Frage der Bestimmung des Begriffs ›Kolon‹, die nicht ganz einheitlich ist. Man sollte es vorziehen, zur Benennung solcher minimaler fakultativer Sprech- und Gehörsgrößen eine andere Bezeichnung zu verwenden, etwa die des Sprechgliedes, die jedoch nicht allgemein gebraucht wird.

Die oben, im wesentlichen im Anschluß an Andreas Heusler, aufgeführten Gesichtspunkte zur Erschließung des Versrhythmus bleiben dem Metrischen im engeren Sinne des Wortes nahe und darum auch innerhalb des philologisch Nachweisbaren, ›Beweisbaren‹. Rhythmusuntersuchungen können hierüber indes weit hinausgehen. Freilich ist am Phänomen des Rhythmus vieles eher erlebbar, erspürbar, erfühlbar, als daß es mit exakten wissenschaftlichen Begriffen und in ebensolchen Kategorien wiedergegeben werden könnte und insofern auch lehrbar und lernbar wäre. Alle Versuche der Rhythmusforschung und -deutung, die sich zu weit von der relativ sicher zu bestimmenden Grundlage des Metrischen lösen, haben etwas Unverbindliches und Unbefriedigendes an sich und letzteres um so stärker, je mehr sie darauf ausgehen, die sehr fein abgestuften Erscheinungsformen des Rhythmus mit einer allgemeingültigen Terminologie einzufangen, wie sie auf der einen Seite zwar der Differenziertheit des Phänomens entsprechen würde (man vergleiche z. B. die Skala von nicht weniger als 13 Schwereabstufungen, die Franz Saran aufgestellt hat), wie sie aber auf der anderen Seite der je individuellen Ausformung der rhythmischen Bewegung und dem Spielraum ihrer Verwirklichung nicht gerecht zu werden vermag. Man tut gut daran, auf solche – wiederum zum Schema erstarrten – Festlegungen einschließlich der sie bezeichnenden Wortungetüme zu verzichten und sich bei der Analyse des Rhythmus zunächst und möglichst lange an das metrisch Aufweisbare zu halten (sich allerdings bewußt zu bleiben, daß damit die sicherlich tiefste Schicht des Phänomens noch nicht erfaßt ist). Unbefriedigend geblieben sind trotz mancher fruchtbaren Anregung im Grunde auch die Versuche, zu einer Typologie des Rhythmus zu gelangen. So hat Wolfgang *Kayser*, ohne Systemzwang und das Vorläufige seiner Einteilung hervorhebend, fünf rhythmische Typen unterschieden: den metrischen, den fließenden, den bauenden, den gestauten und den strömenden Rhythmus (»Kleine deutsche Versschule«, [20]1980, S. 104 ff., 111 ff., mit kleinen Abweichungen auch in seinem Buch »Das sprachliche Kunstwerk«, [18]1978, S. 259 ff.). Wenn Kayser aber den strömenden Rhythmus gleichermaßen im Hexameter wie in den sog. freien Rhythmen findet, dann ist einsichtig, daß sein begriffliches Netz zu weitmaschig ist, um die möglichen Arten des Rhythmus einfangen zu können. Umgekehrt spricht gegen den Versuch, das Phänomen des Rhythmus mit allzu differenziertem Begriffsaufwand wissenschaftlicher Analyse zugänglich zu machen, ein Umstand, in dem alle bedeutenden Verswissenschaftler übereinstimmen: der Rhythmus ist oft mehrdeutig. Zum Beispiel kann man über die Schwereabstufung der Ikten häufig geteilter Meinung sein. Hier wird stets ein gewisser Spielraum bleiben – bleiben müssen und bleiben dürfen, und nicht nur, weil wir die rhythmische Intention des Dichters nur selten authentisch kennen, sondern auch, weil sich diese Intention selbst, wenn nicht immer, so doch vielfach, innerhalb eines Spielraums realisieren kann. Im Folgenden werden wir weniger vom Rhythmus als vom Metrum, weniger vom Erfühlbaren als vom Nachweisbaren sprechen und somit auch mehr von der Metrik als von der Rhythmik, ist doch ohne ein fundiertes Wissen keine Wissenschaft, auch nicht die vom Verse, möglich und muß doch der Erkenntnis die Kenntnis vorausgehen.

7. Der Reim

Aus praktischen Gründen lassen wir an dieser Stelle noch eine Übersicht über die verschiedenen Formen des Reimes folgen, obwohl der Reim kein zum Vers konstitutiv oder integrierend hinzugehöriges Phänomen ist. Freilich ist er auch kein bloßer

Schmuck, der für die metrisch-rhythmische Ausformung der Verse belanglos wäre: der Reim stellt ein Bindungs- und Gliederungsprinzip, und zwar sowohl des Klanges wie des Sinnes, dar, das für die metrische Form einer Dichtung von großer Bedeutung ist. Zum Beispiel wäre die reiche Entfaltung der Strophenformen im Minnesang und in der Heldendichtung ohne die vielfältigen Möglichkeiten, die die Reimbindung der Strophik bietet, nicht möglich gewesen. So ist die Einführung des Reims in die dt. Dichtung (vgl. dazu u., S. 45f.) der folgenreichste Einschnitt in der dt. Versgeschichte überhaupt. Spezielle Probleme, die die Frühgeschichte des dt. Reims in sich birgt, werden im 3. Kapitel behandelt. Hier kommt es nur auf die Klärung der vielen Termini technici an.

Unter Reim, genauer: *Endreim*, versteht man allgemein den gleichklingenden Ausgang zweier (oder mehrerer) Verse vom letzten voll betonten Vokal an. Metrisch-rhythmisch ist es zunächst relevant, ob der Gleichklang nur von einer Hebung oder von Hebung und Senkung getragen wird. Werden Hebungen ohne nachfolgende Senkung gebunden, spricht man von *männlichem Reim* (z. B.: *tac* : *mac, tōt* : *nōt*); folgt der Hebung noch eine ebenfalls am Reim beteiligte Senkung (oder in altdt. Zeit auch eine Nebenhebung) von *weiblichem Reim*[1] (z. B.: *klagen* : *sagen, triuwe*: *niuwe*). Den dreisilbigen Reim (Hebung und zwei Senkungssilben) nennt man auch *gleitenden Reim* (z. B.: *lebende* : *gebende*; im Altdt. ist hier wiederum mit einer Nebenhebung zu rechnen). Stimmen auch die Konsonanten, die in der Tonsilbe vor dem letzten vollbetonten Vokal stehen, überein, liegt *rührender Reim* vor, z. B.:

dem bevalch si harte vaste
mit gebete und mit vaste   (Tr. 15547f.)
oder:
ezn müese ir eines tōt sīn:
eintweder des risen oder sīn   (Tr. 16135f.)
oder:
. . . .
zem frīthof, derst ein saelic wirt,
dem manic gast ze teile wirt   (Freidank, Bescheidenheit,
                                              v. 156, 20f.).

Hier sind die Reimwörter zwar laut-, aber nicht bedeutungsgleich, es liegt also Homonymie vor (im ersten Beispiel ist das erste *vaste*

---

[1] Die Bezeichnungen ›männlicher‹ und ›weiblicher‹ Reim sind von der frz. Adjektivflexion übernommen, in der die weibliche Form auf einer unbetonten, im gewöhnlichen Sprechen heute verstummten Silbe endet: mask. *grand,* fem. *grande.*

Adverb: ›stark, dringlich‹, das zweite Substantiv: das ›Fasten‹; im zweiten Beispiel ist das erste *sīn* der Infinitiv des Verbum substantivum, das zweite hingegen Possessivpronomen; im dritten Beispiel ist das erste *wirt* Substantiv: ›Gastgeber, Wirt‹, das zweite die synkopierte Form der 3. Sg. Präs. von *werden*). Ausschließlich rührende Reime hat beispielsweise Gotfrid von Neifen in den fünf Strophen seines Liedes XVIII verwendet. Handelt es sich auch um bedeutungsgleiche Wörter (also etwa zweimal um den Infinitiv *sīn*), spricht man von *identischem Reim*. Er erscheint z. B. in den Vierzeilern des strophischen Prologs zu Gotfrids »Tristan« als ein bewußt eingesetztes Kunstmittel, während er sonst zumeist die Folge dichterischen Unvermögens ist und jedenfalls für unsere Ohren dann unschön klingt. Reimen die beiden letzten Hebungen, so entsteht der *erweiterte oder reiche Reim*. Manchmal werden die beiden Bezeichnungen als gleichbedeutend verwandt, manchmal jedoch auch unterschieden, und zwar derart, daß beim reichen Reim das konsonantische Element differiert, etwa:

in ēre bernder blüete

. . . .

mit iemer wernder güete   (Der Dürinc, III, 1, 1 ff.).

Wenn beim reichen Reim die anlautenden Konsonanten der reimenden Silben untereinander vertauscht werden, entsteht der *Schüttelreim* (z. B.: mīne sinne : sīne minne). Das Mittelalter kennt den Schüttelreim durchweg nur in Vorformen oder als mehr oder weniger zufälliges Ergebnis. (Vgl. Werner Friedrich Braun, Zur mittelalterlichen Vorgeschichte des Schüttelreims, GRM 44, 1963, S. 91–93.) Sind die Reimwörter verschiedene Flexionsformen eines Wortes oder Ableitungen von ein und demselben Stamm, liegt *grammatischer Reim* vor. Als Beispiel diene eine Strophe Gotfrids von Neifen, der diese Reimtechnik besonders liebt:

Nūst diu heide wol bekleidet
mit vil wunnenclīchen kleiden:
rōsen sint ir besten kleit.
dā von ir vil sorgen leidet,
wan si was in mangen leiden.
gar verswunden ist ir leit
von des liehten meien blüete,
der hāt manger hande bluot.
noch fröit baz der wībe güete,
wan die sint für sendiu leit sō guot.   (XXVI, 1,1 ff.).

15

Man vergleiche weiterhin z. B. das Lied LII Ulrichs von Lichtenstein (*Wol her alle, helfet singen*).

Trennt die Versgrenze ein Wort (ein Kompositum) so, daß der erste Teil Träger des Gleichklangs ist, während der zweite den Anfang des folgenden Verses bildet, handelt es sich um *gebroche-nen Reim*:

. . . .
dranc bī dir āne <u>wandel</u>.
von dir quam der <u>mandel-</u>
kerne durch die schalen ganz   (Konrad von Würzburg,
                                       Die goldene Schmiede, v. 431 ff.);

. . . .
der wāren kiusche <u>gürtel</u>.
du bist ein reiniu <u>türtel-</u>
tūbe sunder gallen   (ebd., v. 569 ff.).

Nach der Stellung unterscheidet man die folgenden Arten des Endreims mit einer eigenen Bezeichnung (während kompliziertere Formen der Reimbindung, die jeweils relativ selten vorkommen, nicht mit einem speziellen Terminus benannt werden):

1. *Paarreim*: a a b b . . . (die Gleichklänge werden im Reimschema immer mit den kleinen Buchstaben des Alphabets versinnbildlicht);
2. *Kreuzreim*, *gekreuzter Reim* (in älteren Arbeiten auch *überschlagender Reim* genannt): a b a b . . .;
3. *umarmender Reim*, *umschließender Reim*: a b b a . . .;
4. *verschränkter Reim*: a b c a b c . . .;
5. *Schweifreim*: a a b c c b . . .; Schweifreim hat z. B. der Abgesang des Frauen-Ehren-Tons Reinmars von Zweter.

Folgt der Gleichklang dreimal aufeinander, was etwa innerhalb der mhd. Reimpaardichtung besonders in der frmhd. Zeit, aber auch z. B. im »Wigalois« des Wirnt von Grafenberg, in der »Krone« des Heinrich von dem Türlin und im »Willehalm« des Ulrich von dem Türlin gelegentlich vorkommt, spricht man von *Dreireim*, kehrt der Reim unmittelbar hintereinander des öfteren wieder, von *gehäuftem Reim* (vgl. Walther von der Vogelweide 75, 25 ff., hier mit der Besonderheit des ›Vokalspiels‹: in der 1. Strophe enden alle 7 Verse auf -ā, in der 2. auf -ē, in der 3. auf -ī, in der 4. auf -ō, in der 5. auf -ū).

Neben dem Endreim treten innerhalb des Verses und zwischen

aufeinanderfolgenden Versen noch andere Arten von Reimbindungen auf. *Binnenreim*: Es reimen sich (zwei oder mehrere) Wörter
innerhalb eines Verses, z. B.: *heide mit cleide zieret sich gar āne wē*
(Konrad von Würzburg, Lied 16). Eine Sonderform des Binnenreims ist der *Schlagreim*: die Reimwörter stehen unmittelbar hintereinander, etwa: *daz iemer süeze müeze sīn* (Tr. 582). Die
berühmtesten mhd. Schlagreime enthält der Prolog zu Konrads
von Würzburg »Engelhard«; im Lied 26 des gleichen Dichters wird
die Technik des Schlagreims zur gekünstelten Manier (vgl. auch
schon Walther von der Vogelweide, 47, 16ff.). Eine besondere
Form des Schlagreims wiederum ist der *übergehende Reim*: die
beiden aufeinanderfolgenden Reimwörter sind durch die Versgrenze getrennt: *ich solt aber dur die süezen / grüezen meien walt
heid ouwe* (Gotfrid von Neifen XXXVII, 1, 1f.; in seinem Lied
XXXII z. T. mit rührenden Reimen). In der mlat. Theorie werden
solche Verse *versus serpentini* genannt. *Pausenreim*: Der Versan-
fang reimt mit dem Ende des gleichen oder eines folgenden Verses
oder der Anfang einer Strophe mit ihrem Schluß, so in Walthers
Lied 62, 6ff.: *daz und ouch mē vertrage ich doch dur eteswaz* (62,
15) oder in seinem Alterston 66, 21ff.:

> des habet ir von schulden groezer reht dan ē:
> welt ir vernemen, ich sage iu wes.
> wol vierzec jār hab ich gesungen oder mē
> von minnen und als iemen sol.   (66, 25ff.).

Steht der Pausenreim am Anfang und am Ende einer Strophe, dann
ist die klangliche Bindung naturgemäß lockerer, und sie kann,
wenn sie durch eine größere Anzahl von Versen getrennt ist (in
Hawarts Lied *Ich wil dir, herre Jēsus* sind es nicht weniger als 11!),
beim Hören kaum noch erkannt werden.
Anfangsreim: Die ersten Wörter zweier aufeinanderfolgender
Verse reimen:

> ieweder sīne hende
> twuoc. an eime gebende
> truoc Parzivāl īwīn loup   (Parz. 486, 5ff.).

Der Terminus ›Anfangsreim‹ ist nicht heranzuziehen, wenn das
jeweils erste Wort im Auftakt steht, also keinen Iktus trägt, z. B.:

> diu bléndet óugen únde sín,
> diu zíuhet íe daz hérze hín   (Tr. 19361/62).

Stünde das *diu* nicht im Auftakt, läge zugleich identischer Reim vor; so ist seine Wiederholung zwar stilistisch, nicht aber metrisch bedeutsam. Umgekehrt ist der folgende Fall gerade deshalb dem Begriff des Anfangsreims zuzuordnen, weil der Gleichklang die *erste* Hebung umfaßt:

> si blendet wīses mannes muot
> und schendet sēl, līp, ēre und guot
> («Der Welsche Gast», v. 1197 f.).

Innenreim: Der Gleichklang erstreckt sich auf zwei korrespondierende Stellen im Versinnern, etwa:

> nideriu minne heizet diu sō swachet
> . . . .
> hōhiu minne reizet unde machet   (Walther 47, 5 ff.).

Ein Sonderfall des Innenreims ist der *Mittelreim*: die Mitte des einen reimt mit der Mitte des anderen Verses, so in Konrads von Würzburg Lied 20:

> Tou mit vollen   aber triufet
> ūf die rōsen   āne tuft,
> ūzer bollen   schōne sliufet
> manger lōsen   blüete cluft.

Kehrt, wie hier, der Mittelreim regelmäßig wieder, dann teilt sich für den Hörer der einzelne Vers in zwei Verse. Konrads Lied ließe sich ebensogut in Form zweihebiger Verse drucken. Die Versmitte ist in strophischen Dichtungen keine günstige Reimstelle (vgl. auch u., S. 90 zum Übergang des zäsurgereimten Hildebrandstones zur Heunenweise). Vielfach ist auch gar nicht entscheidbar, ob es sich um längere Verse mit Innen- bzw. Mittelreim handelt oder um (doppelt so viele) kurze Verse nur mit Endreim (vgl. auch u., S. 101 f.). Teilweise, so von Karl Bartsch, wird der Begriff ›Mittelreim‹ abweichend von der soeben dargelegten Bedeutung gebraucht für das Reimen eines in der Verszeile stehenden Wortes mit ihrem Ende, z. B. *wāfenā! des ist mir dā* (Gotfrid von Neifen XXXI, 2, 8).

Die Gleichklänge von korrespondierenden Stellen aufeinanderfolgender Verse neben dem Gleichklang am Versende werden am besten unter dem Begriff *Doppelreim* zusammengefaßt. Der Tummelplatz für alle Arten von Reimkünsten und Reimspielen ist der spätere Minnesang und danach der Meistersang. In der mlat. Dichtung sind sie durchweg vorgebildet.

18

Nicht eine besondere Reimart, aber doch eine mit dem Reim in Zusammenhang stehende Besonderheit, die Erwähnung verdient, ist die sog. *Reimteilung*. Sie liegt vor, wenn im Wechselgespräch, im Dialog, ein Reimpaar auf zwei verschiedene Sprecher aufgeteilt ist. Meist bezeichnet man dieses Phänomen mit einem von dem Theaterwissenschaftler Max Herrmann eingeführten Begriff als *Stichreim*. Er ist im geistlichen Drama des Mittelalters und besonders im Fastnachtspiel häufig anzutreffen.

> Eva: Nu bun ik gheloset apen<u>bar</u>.
> Jhesus: Volget my myt der gantzen <u>schar</u>! (Das Redentiner Oster-
> spiel, v. 614/615)
> Markolff: O ir frauen, wes sitzt ir <u>hie</u>?
> Ein frau: Ey, lieber Markolff, sag uns, <u>wie</u>? (Hans Folz, Das Spiel
> von dem König Salomon und dem Bauern Markolf, v. 249/250)

Literatur:

Nachschlagewerke:

Reallexikon der deutschen Literaturgeschichte, hg. von Paul Merker und Wolfgang Stammler, 4 Bde, 1925/1931; 2. Aufl., Bd. 1–3, 1958/1977, hg. von Werner Kohlschmidt und Wolfgang Mohr, Bd. 4 [im Erscheinen], hg. von Klaus Kanzog und Achim Masser [abgekürzt: RL].
Die Musik in Geschichte und Gegenwart, hg. von Friedrich Blume, 16 Bde, 1949/1979 [abgekürzt: MGG].

Einführende und zusammenfassende Darstellungen:

Wolfgang *Kayser*: Kleine deutsche Versschule, 1947, [20]1980 [zur neudeutschen Metrik].
Ders.: Das sprachliche Kunstwerk. Eine Einführung in die Literaturwissenschaft, 1948, [18]1978 [hierin die Kapitel ›Grundbegriffe des Verses‹, ›Der Rhythmus‹].
Otto *Paul*/Ingeborg *Glier*: Deutsche Metrik, [4]1961, [9]1979 [die ersten drei Auflagen von Otto Paul sind nicht mehr zu benutzen].
Siegfried *Beyschlag*: Altdeutsche Verskunst in Grundzügen, 1969 (6., neubearbeitete Auflage der ›Metrik der mittelhochdeutschen Blütezeit in Grundzügen‹).
Alfred *Behrmann*: Einführung in die Analyse von Verstexten, 1970, [2]1974 (= SM. 89) [die Beispiele sind der Dichtung der Neuzeit entnommen].
Friedrich *Neumann*: Deutsche Literatur bis 1500: Versgeschichte (Metrik), in: Kurzer Grundriß der germanischen Philologie bis 1500, hg. von Ludwig Erich Schmitt, Bd. 2: Literaturgeschichte, 1971, S. 608–665.
Erwin *Arndt*: Deutsche Verslehre. Ein Abriß, [7]1975 (durchgesehener Nachdruck der 5., neu überarbeiteten und erweiterten Aufl. von 1968).
Helmut *Tervooren*: Minimalmetrik zur Arbeit mit mittelhochdeutschen Texten, 1979 (= GAG, Nr. 285) [empfehlenswert zur allerersten Einführung].

Größere Darstellungen:

Hermann *Paul*: Deutsche Metrik, in: Grundriß der germanischen Philologie, hg. von H. P., Bd. 2, 2. Abt., ²1905, S. 39–140.

Franz *Saran*: Deutsche Verslehre, 1907. [Dazu Georg *Baesecke*, ZfdPh 41, 1909, S. 93–104; wieder abgedruckt in: G. B., Kleine metrische Schriften (= Studien und Quellen zur Versgeschichte. 2), 1968, S. 16–29.]

Ders.: Deutsche Verskunst. Ein Handbuch für Schule, Sprechsaal, Bühne. Unter Mitwirkung von Paul Habermann hg. von Albert Riemann, 1934.

Friedrich *Kauffmann*: Deutsche Metrik nach ihrer geschichtlichen Entwicklung, ³1912.

Andreas *Heusler*: Deutsche Versgeschichte mit Einschluß des altenglischen und altnordischen Stabreimverses, 3 Bde, 1925/27/29, unveränderter Nachdruck 1956. [Dazu Georg *Baesecke*, GGA 189, 1927, S. 356–373, und GGA 192, 1930, S. 297–312; wieder abgedruckt in: G. B., Kleine metrische Schriften, 1968, S. 107–122 und S. 125–139.]

Ulrich *Pretzel*: Deutsche Verskunst mit einem Beitrag über altdeutsche Strophik von Helmuth *Thomas*, in: Aufriß, Bd. III, 1957, Sp. 2327–2466; ²1962, 2., unveränderter Nachdruck 1979, Sp. 2357–2546.

Neuere wissenschaftliche Ansätze zur altdeutschen Metrik:

Ewald *Jammers*: Grundbegriffe der altdeutschen Versordnung, in: ZfdA 92, 1963, S. 241–248; wieder abgedruckt in: E. J., Schrift · Ordnung · Gestalt. Gesammelte Aufsätze zur älteren Musikgeschichte, 1969, S. 172–178, und in: WdF, Bd. 444, 1977, S. 246–255.

Otmar *Werner*: Linguistische Überlegungen zur mittelhochdeutschen Metrik, in: Formen mittelalterlicher Literatur. Siegfried Beyschlag zu seinem 65. Geburtstag (= GAG, Nr. 25), 1970, S. 109–130.

Zum Problem ›deutscher und antiker Vers‹:

Andreas *Heusler*: Deutscher und antiker Vers. Der falsche Spondeus und angrenzende Fragen, 1917.

Aage *Kabell*: Metrische Studien II: Antiker Form sich nähernd, 1960.

Alfred *Kelletat*: Zum Problem der antiken Metren im Deutschen, in: DU 16, 1964, H. 6, S. 50–85.

Zur Rhythmusforschung:

Wilhelm *Seidel*: Rhythmus: eine Begriffsbestimmung, 1976 (= Erträge der Forschung, Bd. 46).

Wolfgang *Mohr*: Rhythmus, in: RL, Bd. 3, ²1977, S. 456–475.

s. weiterhin die ausführliche Auswahlbibliographie bei Wolfgang *Kayser*, Das sprachliche Kunstwerk, ¹⁸1978, S. 418f.

Zum Reim:

Günther *Schweikle*: Reim, in: RL, Bd. 3, ²1977, S. 403–420.

Zu besonderen Formen des Reims in der mittelalterlichen deutschen Dichtung:

Karl *Bartsch*: Der innere Reim in der höfischen Lyrik, in: Germania 12, 1867, S. 129–194.

Konrad *Zwierzina*: Der rührende Reim (Mittelhochdeutsche Studien. 12), in: ZfdA 45, 1901, S. 286–313.

Carl von *Kraus*: Der rührende Reim im Mittelhochdeutschen, in: ZfdA 56, 1918, S. 1–76.

Weitere Werke zur Verswissenschaft und zur deutschen Versgeschichte: Aufriß, Bd. III, ²1962, Sp. 2521 ff.

2. KAPITEL

DIE ALTDEUTSCHE STABREIMDICHTUNG

Unter *Stabreim* oder *Alliteration* versteht man den Gleichklang der Anlaute benachbarter Starktonsilben (Haupthebungen). Die beiden Termini bezeichnen das gleiche Phänomen, doch verwendet man den Ausdruck ›Stabreim‹ überwiegend nur für die germ. Stabreimdichtung. Die gesamte Versordnung der altgerm. Dichtung – also nicht allein den ›Lautreim‹ (den ›Anlautreim‹) – unter dem Begriff ›Stabreim‹ zu fassen ist wenig glücklich. Gleichwohl ist der Stabreim für die germ. Dichtung nicht ein bloßes Schmuckmittel, vielmehr ist sie von seiner Eigenart wesentlich geprägt. Die sinnbeschwerten Wörter – vorab Substantive – werden durch den Stabreim herausgewölbt, die Sinngipfel treten im Stabreimvers besonders stark hervor, der Stabreim verleiht der Aussage größeren Nachdruck, steigert ihren Ausdrucksgehalt. »Der germanische Stabreim erhöht Versgipfel; er ist Gipfelbildner; also eine rhythmische Triebkraft, kein angehängter Schmuck« (Andreas Heusler, § 125).

Von den zwei Bezeichnungen ist ›Alliteration‹ die ältere: *alliteratio* ist eine Prägung des italienischen Humanisten Giovanni Pontano, latinisiert Jovianus Pontanus († 1503), das Wort ›Stabreim‹ ist zuerst 1837 nachgewiesen. Es geht zurück auf Snorri Sturluson (1178–1241), den Verfasser der »Snorra-Edda« (»Jüngere Edda«), in der anord. *stafr* ›Stab; Pfeiler; Buchstabe, Laut‹ in der Bedeutung ›Reimstab‹ erscheint.

Die gleichklingenden Anlaute sind eben die *Stäbe* (wobei im Germ. die Konsonantenverbindungen sk, sp, st als eine Einheit gelten und jeweils nur mit sich selbst staben, weder untereinander noch mit ›s‹, während alle Vokale miteinander staben können, z. B.: *dat ero ni uuas noh ūfhimil* [Wessobrunner Schöpfungsgedicht, v. 2] – möglicherweise wegen des beim harten Vokalansatz hörbaren Knackgeräusches). Es ist zu beobachten, daß im Germ. eindeutig die alliterierende Bindung ungleicher Vokale bevorzugt wird.

Stabreimdichtung ist die gesamte altgerm. Dichtung: der Stabreim ist gemeingermanisch. Er hat zur Voraussetzung, daß der freie idg. Akzent aufgegeben und der Akzent auf der Stammsilbe bzw., bei Nominalkomposita (und deren Ableitungen), auf der ersten Silbe festgelegt war. Als Schmuck und als Mittel klanglicher Wirkung kennen die Alliteration z. B. auch das Griechische und das Lateinische. Insofern sie ein rhetorisches Element ist, ist die Alliteration nicht an den Vers gebunden, sondern kann ebensowohl in der Prosa auftreten. Im Dt. sind rund 6500 stabende Langzeilen überliefert, der weitaus überwiegende Teil davon im Altsächsischen (vor allem im »Heliand« mit fast 6000 Langversen, daneben in der as. »Genesis«); im Hochdt. sind zu nennen das Hildebrandslied, das »Muspilli«, das Wessobrunner Schöpfungsgedicht und die Merseburger Zaubersprüche.

Der germ. Stabreim realisiert sich in einer *Langzeile* (einem *Langvers*),[1] die aus zwei Halbzeilen (Halbversen), dem *Anvers* (a) und dem *Abvers* (b) besteht. Die Gliederung in zwei Hälften gehört zur Langzeile – im Gegensatz zu einer langen Zeile – wesensprägend hinzu. Häufig, nicht immer, liegt in der Zäsur (nach Heusler: an der Versgrenze) auch ein syntaktischer Einschnitt. Zur Frage, inwieweit die unterschiedliche Gestaltung der beiden Halbzeilen im einzelnen ein notwendiges Kriterium für die Langzeile ist, vgl. u., S. 32. Der Halbvers hat zwei Haupthebungen (Ikten), so daß die Langzeile vier mögliche, aber nicht festgelegte Stellen für die Placierung der Stäbe besitzt. Damit die beiden Teile zu einer metrischen Einheit verknüpft werden, ist mindestens je ein Stab im An- und Abvers erforderlich. Die folgenden drei Stellungen sind üblich (a: stabender, x: stabloser Iktus):

a a a x   wéstar ubar wéntilsḡo,   dat inan wíc furnám (Hl. 43)
          Diese Form dominiert z. B. im »Heliand«.
a x a x   Hádubrant gimáhalta,   Híltibrantes súnu (Hl. 14)
x a a x   dō léttun se ǽrist   ásckim scrítan (Hl. 63).

Der Abvers hat hier (und das heißt: in der Regel) nur einen Stab, und zwar fällt dieser auf den ersten Iktus. Dieser fordert aber auch den Stab, nach ihm richten sich die anderen. Man nennt ihn *Hauptstab* (*hǫfuðstafr* in der »Snorra-Edda«). Die beiden Stäbe im Anvers nennt Snorri *Stützen* (*stuðlar*; Sg. *stuðill*). Mit Jacob Grimm verwendet man statt ›Stützen‹ auch die Bezeichnung *Stollen*. (Man beachte, daß dieser Terminus in der altdt. Metrik noch in einer zweiten Bedeutung gebräuchlich ist, vgl. u., S. 103.) Es ist zu vermuten, daß man den stabenden Iktus mit einem stärkeren dynamischen Akzent sprach als den stablosen.

Von den Besonderheiten der Stabstellung seien nur zwei erwähnt: 1. Doppelstab im Abvers: a a   a a, z. B.: *dat Híltibrant hétti mīn fater: ih héittu Hádubrant* (Hl. 17); 2. der zweifache,

---

[1] Die Diskussion darüber, ob die Begriffe ›Langzeile‹ und ›Langvers‹ synonym zu verwenden seien oder nicht und welcher von ihnen etwa den Vorzug verdiene, halten wir für müßig.

›doppelpaarige‹ Stabreim, entweder als gekreuzter Stabreim: a b a b, z. B.: spénis mih mit dīnēm wórtun, wili mih dīnu spéru wérpan (Hl. 40; wili trägt keinen Iktus, der anlautende Konsonant ist also nicht Stab!), oder, seltener, als umschließender (umarmender) Stabreim: b a a b, z. B.: láton it thar háloian hēta lógna (»Heliand« 2573). Nicht hierher gehört ein Fall wie Hl., v. 18: forn her óstar giwéit, flōh her Ótachres nīd, da die beiden anlautgleichen Wörter im Eingang der beiden Halbzeilen in der Senkung stehen und somit als Stäbe ausscheiden.

Ein wesentliches Charakteristikum des germ. und besonders auch des dt. Stabreimverses ist die Füllungsfreiheit, die sich auf alle drei Versgegenden erstreckt. Das bedeutet, mit Heuslers Begriffen, daß die Taktfüllung, die sprachliche Erfüllung der gleichen Zeitspanne zwischen den Ikten, freigestellt ist, oder, unter Vermeidung des für den germ. Vers wohl nicht heranzuziehenden Taktbegriffs: die Zahl der Silben zwischen den Ikten (und selbstverständlich auch die vor dem ersten Iktus) ist in weiten Grenzen variabel. Besonders groß ist die Silbenzahl in der as. Dichtung. Die überlangen, silbenreichen Verse der as. und altenglischen Geistlichendichtung pflegt man Schwellverse zu nennen; inwiefern dabei im geschwellten Halbvers drei Hebungen realisiert sind, inwiefern wie im normalen Vers nur zwei, wird in der Forschung unterschiedlich beurteilt. Von den Versen mit vielsilbigen Eingangs- oder Vorsenkungen (Auftakten nach der älteren Ansicht) spricht Heusler anschaulich als »Auftaktriesen«. Im Hildebrandslied umfassen die Halbverse 4 bis 11, im »Heliand« 4 bis 19 Silben; die Eingangssenkung reicht im Hildebrandslied von 0 bis 6 Silben (6 Silben: v. 35b, 54b, 57b), in der as. »Genesis« bis 11 und im »Heliand« sogar bis 14 Silben (saga ūs, undar huilicumu he sī thesaro cunneo afōdit, v. 605b). Auch in der as. Dichtung ist es überwiegend der Abvers, der die vielsilbigen Eingangssenkungen aufweist.

Für die Verteilung der Stäbe lassen sich den Texten bestimmte Regeln entnehmen, die meist recht genau beachtet werden. Zum Verständnis ihrer sprachlichen Grundlagen muß man sich erstens gegenwärtig halten, daß dem germ. Satz ein fallender, absteigender Satzton eignet, der Anfang also mit größerem Nachdruck gesprochen wird als der Schluß, und zweitens, daß das Germanische durchaus eine Nominalsprache ist. Darum gilt die Regel, daß von zwei Wörtern der gleichen Wortart (Wortklasse), die nebeneinander in den Hebungen eines Halbverses stehen (z. B. zwei Substantiven), das erste als das mit größerem Nachdruck gesprochene den Stabreim trägt. Darum gilt weiterhin, daß es überwiegend Substantive sind, die durch den Stabreim hervorgehoben werden, während

Verben und vollends Formwörter weniger häufig den Versgipfel bilden. Tritt aber das Verb an die Spitze des Satzes, wodurch es aufgrund des größeren Tongewichtes wie inhaltlich hervorgehoben wird (eine sog. Topikalisierung), dann kann es auch statt des folgenden Substantivs den Stabreim übernehmen:

w̲ánt her do ar árme w̲úntane báuga (Hl. 33).

Abweichungen von diesen Regeln sind aus verschiedenen Gründen möglich. Insgesamt aber läßt sich feststellen: »Wortstellung und Verteilung der Hebungen und Stäbe ordnen sich [. . .] – auf der Grundlage der fallenden Betonung des Satzes – nach dem Bedeutungsgewicht der Wortklassen (Nomen, Verb, Formwort), und der Augenblicksnachdruck – sei er inhaltlich oder rhetorisch bedingt – setzt sich nur verhältnismäßig selten über diese Klassenordnung hinweg« (Klaus von See, S. 21). Da indes die Placierung der Ikten und somit auch der Stäbe innerhalb des Verses nicht festliegt und überdies die Silbenzahl vor der ersten Hebung und zwischen den Hebungen ständig wechselt, ist die rhythmische Kurve der Stabreimverse außerordentlich vielgestaltig und in sich bewegt.

Andreas *Heusler*, dem wir bleibende Einsichten in den sprachlichen und metrischen Stil der altgerm. Dichtung verdanken, hat dem Stabreimvers – wie jedem Vers – Takthaltigkeit zugesprochen, d. h. gleichen zeitlichen Abstand zwischen den Ikten, und zwar handelt es sich nach Heusler um Langtakte (¼-Takte mit Haupt- und Nebenhebung). Die Langzeile zeigt demnach folgendes, in dieser Form allerdings wohl nie verwirklichtes Schema: | x́ x x̀ x | x́ x x̀ x ‖ x́ x x̀ x | x́ x x̀ x ‖. Die außerordentlich weitgehende Füllungsfreiheit gerade der dt. Verse stellt dieses Schema von vornherein in Frage. Um das Taktprinzip durchführen zu können, ist Heusler zu komplizierten Rechenexempeln und einer recht gewaltsam anmutenden Behandlung der Silbenquantitäten genötigt. Er muß in den Innentakten mit Zeitwerten von ¼ (⌐) bis zu ⅛ (◡) im hd. und bis zu ¹⁄₁₆ (◠) im as. Vers rechnen, so daß die längste Silbe hier den 16fachen Zeitwert der kürzesten hat (vgl. ausdrücklich Heusler, §370). Die natürliche Länge der Silben wird teilweise überdehnt, teilweise werden die Silben übermäßig verkürzt, Binnenpausen werden an Stellen angesetzt, an denen sie schlechthin nicht berechtigt erscheinen, umgekehrt müssen sprachlich-stilistisch vorgegebene Pausen wegfallen; insgesamt wird der Vortrag der Verse des öfteren gegen den Inhalt gehetzt oder schleppend. Ein Beispiel für Heuslers Rhythmisierung: v. 34a des Hildebrandliedes *sō imo se der chuning gap* erscheint bei ihm in folgender Form: ◠ ◠ ◠ ◠ | x́ x ∧ ∧ | ∸ ∧ ∧ ‖ (§373), also mit Doppelpause wie am Ende des Anverses, wo sie sinnvoll ist, auch vor der Kadenz und mit Dehnung des kurzen – freilich gedeckten – Vokals in *gap* auf eine Doppelmore. Zu welchen Gewaltsamkeiten die Durchführung des Taktprinzips im germ. Vers zwingen kann, zeigt z. B. – von den Schwellversen des »Heliand« gar nicht zu sprechen – Andreas Heuslers metrische Interpretation des Kopulativkompositums *sunufatarungo* (Hl. 4a). Er bietet zwei Messungen zur Auswahl an (§ 77), entweder: | x̄ ˻ ˼ | x́ x x̄ x ‖ oder: | x̄ x ∧∧ | x́ x x̄ x ‖, dehnt also den kurzen Vokal in der offenen Tonsilbe auf ¾ oder nimmt, bei der zweiten Rhythmisierung, doppelte Pause innerhalb *eines* Wortes an, wozu er bemerkt, diese Messungen »stilisieren die Prosazeiten, verzerren sie nicht« (ebd.) – was in der Tat aber der Fall ist. Es läßt sich wohl sagen, daß Heuslers Taktierung der Stabreimverse diese in das ›Streckbett‹ des isochronen, ›metronomischen‹ Taktprinzips preßt, dies jedoch darum, weil für Heusler Verse eben taktierte, takthaltige Rede sind – oder aber keine Verse. Problematisch ist indes auch Heuslers Annahme von Nebenhebungen in jedem Takt, ebnen sie doch die rhythmisch bewegte Ausdruckskurve wieder ein.

Unter dem übermächtigen Eindruck von Heuslers Darlegungen hat man dem germ. Vers allgemein Takthaltigkeit zugesprochen, zumal auch Eduard *Sievers*, der in seiner wirkungsvollen »Altgermanischen Metrik« (1893) den Stabreimvers vom Takt in unserem Sinne freigehalten hatte, ihm in seinen späteren, von der Schallanalyse geprägten Arbeiten Taktmessung zuerkannte. Entschiedenen Einspruch erhob zuerst (1940) W. H. *Vogt* – freilich in bizarrer Form und ohne nachhaltige Wirkung. Der Einsicht, daß das Taktprinzip dem germ. Vers unangemessen ist, hat dann 1957 Ulrich *Pretzel* zum Durchbruch verholfen (in der 1. Aufl. der ›Deutschen Philologie im Aufriß‹, Sp. 2359ff.), indem er überzeugend dartun konnte, daß die Taktgliederung des Stabreimverses anachronistisch und seinem Wesen inadäquat ist: der Abstand von Iktus zu Iktus ist eben nicht gleichmäßig. Was aber, so muß man fragen und fragt Pretzel selbst, macht dann den Stabreimvers überhaupt zum Vers? Er antwortet: »Es sind, von der poetischen Stilisierung abgesehen, [. . .] drei andere, letzthin auch rhythmische Ordnungsfaktoren: 1. die syntaktische Verbindung zweier Halbverse genannter sprachlicher Gruppen zum Langvers; 2. die strenge Verteilungsordnung des Stabreims, der ja selbst kein bloßer Klangschmuck, sondern ein rhythmenbildendes Phänomen ist, indem er die Haupt-Sinnworte formal und begrifflich auszeichnet und außerdem die Verbindung zwischen den beiden Langvershälften herstellt; 3. das Zahlgefühl der Zwei, das in dem Hörer wie schon vorher in dem Dichter lebendig wird (zwei Ikten in jedem Halbvers) und sich ihm einhämmert [. . .]« (Sp. 2395). Als *unregelmäßigen Zwei-Ikter* hat Ulrich Pretzel den Stabreimvers prägnant dem *regelmäßigen Viertakter* Otfrids gegenübergestellt (Sp. 2403). Es ist freilich die

Frage, ob angesichts der sehr unterschiedlichen Abstände zwischen den Hebungen die Zweizahl der Ikten vom Hörer durchgehend als ein Versprinzip aufgenommen werden konnte. Nun ist neuerdings von Dietrich *Hofmann* und Ewald *Jammers* die These vertreten worden, daß der germ. Vers insgesamt gesungen, das heißt hier: rezitativisch mit der Singstimme vorgetragen worden sei (eine sog. *Cantillatio*). Auch die Melodie wäre dann zu den Faktoren zu zählen, die zum Verscharakter der taktfreien stabenden Langzeile beigetragen hätten. Im einzelnen muß in der Frage des musikalischen Vortrags der altgerm. Dichtung vieles zweifelhaft bleiben, ist zumindest noch der weiteren Klärung bedürftig.

Der dt. Stabreimvers – mit dem wir es hier allein zu tun haben – ist erst in einer späten Phase der geschichtlichen Entfaltung der germ. Stabreimkunst zu Pergament gebracht worden. Der »Heliand«-Vers ist sichtlich eine Spätform und die hd. Denkmäler zeigen bereits allenthalben einen Verfall der Stabreimkunst. Dies gilt auch schon für das Hildebrandslied. Manche Störungen im Versbau gehen freilich auf Kosten der Genese und der Überlieferung der Dichtung, so die wiederholt fehlenden Abverse[1] oder die Störung der Stäbe infolge der ungleichmäßig durchgeführten Umschrift in einen anderen Dialekt (vgl. v. 19: *Theotrīhhe – degano, v.* 21: *prūt – būre – barn*). Entscheidender ist das Nachlassen des Gefühls für die rhythmischen Erfordernisse und Möglichkeiten der stabenden Langzeile. So zeigt v. 15 *dat sagētun mī ūsere liuti* überhaupt keinen Stab mehr, dafür aber eine Endreimbindung. Daß sich innerhalb des Stabreimverses Gleichklänge in Form von Endsilbenreimen einstellten (vgl. auch noch v. 22, 37, 56, 58, 67), kann nicht verwundern. Noch größer ist der Abstand von der alten Stabreimkunst im »Muspilli«. Manche Verse weisen im Abvers die Stabverteilung x a statt der üblichen a x auf (v. 15, 30, 57 [mit Endstellung des Wortes *muspille!*], 58, 59, 62, 78, eventuell auch v. 37), andere haben doppelten Stabreim a a im Abvers (v. 3, 39, 49, 60, 90), wobei der Hauptstab auf ein Verbum fallen kann. Zahlreicher noch als im Hildebrandslied sind Endreimbindungen unterschiedlichen Gewichts, meist in stabenden Versen (7, 28, 37,

---

[1] Daß unvollständige Langzeilen nicht die Folge schlechter Überlieferung sein müssen, sondern daß der Dichter bewußt Halbzeilen verwendet habe, ist die These W. P. Lehmanns (Das Hildebrandslied: Ein Spätzeitwerk, in: ZfdPh 81, 1962, S. 24–29 [hier S. 26]), der sich Ingo Reiffenstein angeschlossen hat (Zu Stil und Aufbau des Hildebrandsliedes, in: Sprachkunst als Weltgestaltung. Festschrift für Herbert Seidler, 1966, S. 229–254 [hier S. 230]).

49, 62, 78, 79, 87, 96), aber auch in stablosen und damit also als einziges ›Reim‹-Prinzip (v. 48, 61: *diu marha ist farprun̲-nan,   diu sēla stēt pidungan).* Einige Verse lassen sich ohne weiteres nach dem neuen Viertaktmaß rhythmisieren, so v. 40: *khénfun sínt sō kréftı̆c,   diu kṓsa íst sō míhhil;* weiterhin v. 61/62:

> diu márha íst farprúnnàn,   diu sḗla stḕt pidúngàn,
> ni uuéiz mi uuíu púazè: sō vérit sí za uuízè.

Das »Muspilli« gehört unverkennbar einer Übergangszeit an und ist überdies in der Gestalt, in der es uns überliefert ist, keine einheitliche Dichtung, sondern das Ergebnis der Überarbeitung eines älteren Werkes, die sich vermutlich sogar in mehreren Phasen vollzogen hat. Setzt man seine Eintragung in den dem nachmaligen König Ludwig dem Deutschen geschenkten Kodex erst nach Ludwigs Tod (876) an, was freilich nicht sicher ist, werden die an Otfrid erinnernden Züge in Rhythmus und Reim um so verständlicher. Auf jeden Fall ist das Endreimprinzip zur Zeit der Niederschrift des »Muspilli« bekannt. Daß v. 14 des »Muspilli« *dār ist līp āno tōd,   lioht āno finstrī* mit einem Vers Otfrids wörtlich übereinstimmt (*Thār ist līb āna tōd,   lioth āna finstrī* [I, 18,9]) und also mitten unter Otfrids Endreimen ein Stabreim erscheint, ist schon früh bemerkt worden, interessiert im gegenwärtigen Zusammenhang aber mehr als Beispiel dafür, daß Otfrid den Stabreim überhaupt noch des öfteren verwendet. Besonders deutlich ist das Nachleben des Stabreims in dem aus dem 10. Jh. überlieferten ahd. »Psalm 138« zu beobachten.

Aber niemals mehr ist der Stabreim für den altdt. Vers ein konstituierendes, zum Bau der Verse notwendig hinzugehöriges Element gewesen. Überraschend schnell ist er in dieser Funktion im 9. Jh. verdrängt, d. h. durch den Endreim abgelöst worden. Erhalten geblieben ist er als Alliteration; er dient fortan als Ornament und zur klanglichen Bindung, auch zur Hervorhebung von Aussagen. Inwiefern dabei eine wirkliche Kontinuität des germ. Stabreims vorliegt, ist allerdings nicht sicher. Ganz abgesehen von der Möglichkeit, daß sich Alliterationen spontan und autochthon ergeben können, ist auch an die Tradition der antiken und der mlat. Rhetorik als Quellgrund für die Alliteration in der dt. Dichtung des Mittelalters zu denken. In festen Wendungen, namentlich in Zwillingsformeln, ist die Alliteration in der hochmittelalterlichen Erzähldichtung beliebt, z. B.: *liute unde lant, māge unde man, mein unde mort, schade unde schande, singen unde sagen, in stürmen und in strīten.* Gerne bedient sich etwa Gotfrid von Straßburg der Alliteration. Meist sind zwei Wörter alliterierend verbunden, doch kommt auch öfter die Verbindung von drei Wörtern durch den Gleichklang im Anlaut vor, so: *di funchen fiures*

28

flammen (Rolandslied, v. 3287), *ir lēhen, ir liut unde ir lant* (Tr. 5285), *die strītent starke stürme* (Walther von der Vogelweide, 9,1). Verbreitet, auch in der Lyrik, ist weiterhin die alliterierende Verbindung von Adjektiv und Substantiv (*daz werde wīp* usw.), auch in Form der Annomination, etwa in Liedern des Schweizer Minnesängers Ulrich von Singenberg († nach 1228).

Auch heute noch sind Zwillingsformeln der bevorzugte Träger der Alliteration (auf Biegen und Brechen, Feuer und Flamme, frank und frei, Gift und Galle, mit Haut und Haar, Haus und Hof, mit Kind und Kegel, Land und Leute, null und nichtig, über Stock und Stein, bei Wind und Wetter u. a.). Eine nicht unwesentliche Rolle spielt die Alliteration in unserer Zeit in der Sprache der Werbung. Als Prinzip der Versordnung haben den Stabreim im 19. Jh. Richard Wagner (»Der Ring des Nibelungen«, gedruckt 1853) und Wilhelm Jordan (»Nibelunge«, 1867/1874) ohne dauernden Erfolg wiederzubeleben versucht.

Literatur:

Max *Rieger*: Die alt- und angelsächsische Verskunst, in: ZfdPh 7, 1876, S. 1–64.

Eduard *Sievers*: Altgermanische Metrik, 1893.

Andreas *Heusler*: Über germanischen Versbau, 1894 (= Schriften zur germanischen Philologie, H. 7) [s. dafür jetzt A. H., Deutsche Versgeschichte, Bd. I].

W[alther] H[einrich] *Vogt*: Altgermanische Druck-›Metrik‹. Recht unbekümmerte Meinungen eines Nicht-Metrikers, in: Beitr. 64, 1940, S. 124–164.

Dietrich *Hofmann*: Die Frage des musikalischen Vortrags der altgermanischen Stabreimdichtung in philologischer Sicht, in: ZfdA 92, 1963, S. 83–121.

Ewald *Jammers*: Der Vortrag des altgermanischen Stabreimverses in musikwissenschaftlicher Sicht, in: ZfdA 93, 1964, S. 1–13; wieder abgedruckt in: E. J., Schrift·Ordnung·Gestalt. Gesammelte Aufsätze zur älteren Musikgeschichte, 1969, S. 179–191.

Dietrich *Hofmann* und Ewald *Jammers*: Zur Frage des Vortrags der altgermanischen Stabreimdichtung, in: ZfdA 94, 1965, S. 185–195.

Cola *Minis*: Handschrift, Form und Sprache des Muspilli, 1966 (= Philologische Studien und Quellen, H. 35). [Dazu Hans-Hugo *Steinhoff*, AfdA 79, 1968, S. 5–12.]

Klaus von *See*: Germanische Verskunst, 1967 (= SM. 67) [mit reichen Literaturangaben].

Jerzy *Kuryłowicz*: Die sprachlichen Grundlagen der altgermanischen Metrik, 1970 (= Innsbrucker Beiträge zur Sprachwissenschaft. Vorträge 1).

D. R. *McLintock*: Metre and Rhythm in the Hildebrandslied, in: MLR 71, 1976, S. 565–576.

Aage *Kabell*: Metrische Studien I: Der Alliterationsvers, 1978.

Jürgen B. *Kühnel*: Untersuchungen zum germanischen Stabreimvers, 1978 (= GAG, Nr. 209).

Ingeborg *Hinderschiedt*: Zur *Heliand*-Metrik. Das Verhältnis von Rhythmus und Satzgewicht im Altsächsischen, 1979 (= German Languages and Literatures Monographs, Vol. 8).

Dietrich *Hofmann*: Stabreimvers, in: RL, Bd. 4, 2. Aufl., 1./2. u. 3./4. Lfg., 1979/80, S. 183–193.

Weitere Untersuchungen: Aufriß, Bd. III, ^{2}1962, Sp. 2528 f.

Zur Alliteration in der mhd. Dichtung:

Ignaz von *Zingerle*: Die Alliteration bei mittelhochdeutschen Dichtern, 1864 (= WSB, Jg. 1864; auch gesondert erschienen).

3. Kapitel

OTFRID VON WEISSENBURG
UND DER ALTHOCHDEUTSCHE REIMVERS

Mit Otfrids von Weißenburg »Evangelienbuch« (»Liber evangeliorum«), an dem der Dichter viele Jahre gearbeitet und das er
zwischen 863 und 871 vollendet hat, zieht der Endreim in die dt.
Dichtung ein. Dies ist die markanteste und folgenreichste Zäsur in
der dt. Versgeschichte überhaupt, bedeutet die Einführung des
Reims doch zugleich die eines neuen rhythmischen Grundprinzips
und hat sie doch auch weitreichende stilistische Konsequenzen.
Otfrids Werk ist in drei vollständigen Handschriften überliefert (V,
P, F), von denen der Wiener Hs. V insofern eine besondere
Bedeutung zukommt, als sie den Rang eines Autographs hat – eine
Singularität innerhalb der altdt. Textüberlieferung – und gerade
auch unter metrischem Gesichtspunkt besonders aufschlußreich
ist, weil Otfrid hier in Form von Akzenten seine eigene Rhythmisierung des Textes niedergelegt hat (vgl. u., S. 33 f.). Die übrigen
ahd. Reimdenkmäler treten nach Umfang und geschichtlicher
Bedeutung weit hinter Otfrids Dichtung zurück (Petruslied, Ludwigslied, Georgslied, Christus und die Samariterin, Psalm 138, De
Heinrico [lat.-dt. Mischpoesie], auch Segensformeln, so der Lor-
scher Bienensegen, der daneben noch Stabreim aufweist, schließlich einige kleine Gebete: Augsburger Gebet, Gebete des Sigihart).
Keines dieser Werke liegt Otfrids Dichtung voraus, vielleicht außer
dem Petruslied, mit dem das »Evangelienbuch« einen Vers gemeinsam hat – im Petruslied im bair., bei Otfrid im srhfrk. Dialekt
(Petruslied, v. 8 : Otfrid I, 7, 28).

Otfrids Vers stellt sich, zumindest graphisch-äußerlich, als
Langzeile mit vier Takten (= Hebungen) in jedem Halbvers dar,
wobei der Anvers- und der Abversausgang aufeinander reimen.
Der eigentliche Baustein der Otfridschen Dichtung ist aber nicht
schon der einzelne (Lang-)Vers, sondern die Verbindung von je
zwei Langversen zur strophischen Einheit, der sog. Otfridstrophe.
In den kleineren ahd. Reimdenkmälern begegnen daneben auch
mehr-, meist dreizeilige Strophenformen, z. B. im Ludwigslied.
Daß je zwei Verse als Einheit zusammengehören, ergibt sich bereits
aus der Schreibweise in den Handschriften, in denen die jeweils
erste Verszeile mit einer Initiale versehen, die jeweils zweite aber
eingerückt ist und mit Minuskel beginnt. In den drei Verswidmun-
gen Otfrids wird dies durch die Akrosticha und Telesticha[1] noch

---

[1] *Akrostichon* nennt man eine dichterische Form, bei der die Anfangs-

unterstrichen: die Anfangsbuchstaben der ungeraden Verszeilen bilden das Akrostichon, die letzten Buchstaben der geraden Verszeilen das gleichlautende Telestichon. Namentlich aber zeigt die syntaktisch-stilistische Gestaltung, die noch mehr als im einzelnen Langvers in der Strophe ihre Einheit findet, die Zusammengehörigkeit je zweier Langverse. Gedanklich-syntaktische Einheiten von mehr als einer Strophe nennt man am besten **Strophengruppen**. Bei Otfrid sind sie stets geradzahlig – wie die Strophen selbst.

Inwiefern es sich beim Otfridvers um eine wirkliche Langzeile handelt, ist in der Forschung strittig. Am nachdrücklichsten hat den Charakter von Otfrids Vers als Langzeile, und zwar als ›binnengereimte Langzeile‹, wie aller ahd. und frmhd. Verse bis weit ins 12. Jh. hinein, in neuerer Zeit Friedrich *Maurer* verfochten, am entschiedensten widersprochen hat ihm, teilweise im Anschluß an die älteren Darlegungen Andreas *Heuslers*, Werner *Schröder*. Es ist zunächst einmal richtig, daß, von gewissen Grenzfällen abgesehen, sowohl im altgerm. Vers wie in dem des Nibelungenliedes die beiden Glieder (Halbverse) ungleich sind. Umgekehrt sind in Otfrids ›Langvers‹ die beiden Halbverse prinzipiell gleich gebaut, freilich des öfteren (aber keineswegs immer!) aufgrund der Formulierung unschwer als An- oder Abvers zu erkennen. Wenn man für den Langvers nicht nur als konstitutiv annimmt, daß er sich durch eine festliegende Zäsur in zwei deutlich getrennte Halbverse gliedert, sondern auch die Bedingung der Ungleichheit der Halbverse hinzunimmt, etwa im Falle des Nibelungenliedes die der Kadenzen – die Langzeile als Einheit des Ungleichen –, wäre Otfrids Vers per definitionem kein Langvers, sondern, worauf schon Heusler hingewiesen hat, im Grunde ein Reimpaar (»Zwei grundsätzlich gleiche Verse, durch den Reim verknüpft, bilden ein Reimpaar; zwei grundsätzlich gesonderte Verse bilden eine Langzeile [. . .]«, §37). Daß sich die altgerm. Langzeile und die des Nibelungenliedes einerseits und die Otfridsche andererseits voneinander unterscheiden, ist ohne weiteres einsichtig. Trotzdem scheint es nicht empfehlenswert, für den Otfridvers den Terminus ›Langzeile‹ abzulehnen, hat Otfrid selbst in der Hs. V ihm doch den Charakter der Langzeile gegeben, die ihm nicht allein aus heimischer Überlieferung, sondern auch aus der der ambrosianischen Hymnen vertraut gewesen sein wird (vgl. dazu u., S. 44). Nur muß man sich des Unterschieds gegenüber den anderen Langzeilengebilden immer bewußt bleiben; zur Verdeutlichung mag man auch von einer ›Langzeile im engeren Sinne‹

buchstaben, -silben oder -wörter der Verszeilen oder Strophen ein Wort (z. B. einen Namen) oder einen Satz ergeben. Das Gegenstück hierzu ist das *Telestichon*: hier ergeben die Endbuchstaben, -silben oder -wörter der Verszeilen oder Strophen ein Wort oder einen Satz. Neben den Otfridschen Akrosticha sind das von Gotfrid im »Tristan« und die von Rudolf von Ems im »Alexander« verwandten die berühmtesten der mittelalterlichen dt. Dichtung. Sehr verbreitet sind Akrosticha und Telesticha in der mlat. Dichtung, gerade auch der karolingischen Epoche.

(germ. Vers, Nibelungenvers) und einer ›Langzeile im weiteren Sinne‹ (Otfridvers) sprechen. Zur bedeutsameren Diskussion über die Auffassung des frmhd. Verses als Langzeile oder Kurzvers vgl. die Darlegungen im folgenden Kapitel (S. 52 ff.).

Unabhängig von dieser Kontroverse herrscht weithin Einigkeit darüber, daß der sei es Halbvers der Langzeile, sei es selbständige Kurzvers innerhalb des Reimpaars aus vier Zweivierteltakten besteht nach dem Schema:

$$(\times) \mid \acute{\times} \times \mid \acute{\times} \times \mid \acute{\times} \times \mid \acute{\times} \wedge.$$

Der Schlußtakt ist stets einsilbig, weder mehrsilbig noch pausiert; das heißt mit anderen Worten, daß jeder Vers auf eine Hebung endet. Im einzelnen kennt Otfrid drei Arten von Kadenzen (Terminologie nach Heusler; vgl. u., S. 57 f.):

1. die *einsilbig volle Kadenz* ($\mid \acute{\times} \wedge$): Ausgang auf lange oder kurze Stammsilbe in der letzten Hebung, z. B.: *sō Heród ther kúning thô bifánd* (I, 20, 1 a);
2. die *zweisilbig klingende Kadenz* ($\mid \underset{\smile}{-} \mid \acute{\times} \wedge$): Ausgang auf lange Stammsilbe in der vorletzten Hebung mit unmittelbar darauffolgender Endsilbe in der letzten Hebung, z. B.: *sie súahtun sîne uuârà* (I, 17, 66 b);
3. die *dreisilbig klingende Kadenz* ($\mid \acute{\times} \times \mid \acute{\times} \wedge$): Stammsilbe in der vorletzten Hebung, Endsilbe in der letzten Hebung mit dazwischenliegender Senkung, z. B.: *uuîg uuas ófto mánegàz* (I, 20, 21 a).
   Seltene Ausnahmen, die nicht als eine weitere von Otfrid gepflegte Kadenzform aufgefaßt werden dürfen, sondern auf eine gerade im Anfang seines Schaffens noch unzulängliche Beherrschung des Sprachmaterials hindeuten, sind einige wenige Beispiele für kurze Stammsilbe in der letzten Hebung mit darauffolgender Senkungssilbe: zweisilbig volle Kadenz ($\mid \underset{\smile}{\smile} \smile \wedge$), also etwa *quéna* I, 4, 9 a; *góte* I, 5, 3 a; *wíni* II, 9, 31 a; s. z. B. auch »Christus und die Samariterin«, v. 25.

Die verschiedenen Kadenzen werden bei Otfrid und überhaupt im Ahd. und Frmhd. nicht nur jeweils mit sich selber, sondern auch untereinander gebunden, doch strebt Otfrid sichtlich nach der Bindung gleichartiger Versausgänge. Bei der (graphischen) Rhythmisierung des Otfridverses geht man zweckmäßigerweise immer vom Versende aus. Anhaltspunkte für die Placierung der weiteren Ikten bieten Otfrids eigene Akzente. Es ist dabei zu beachten, daß Otfrid nur ausnahmsweise vier Akzente in die Halbzeile eingetragen hat: es geht ihm nicht darum, alle, sondern die stärkeren oder auch zweifelhaften Hebungen zu kennzeichnen. (Zum Beispiel trägt in dem als Beispiel für einsilbig volle Kadenz angeführten Vers die zweite Silbe des Eigennamens *Herōd* einen Akzent, weil Otfrid verhindern will, daß der Name nach germ. Weise auf der ersten Silbe betont wird. Umgekehrt etwa *Mária*, um der sich sonst leicht einstellenden lat. Betonung auf der zweiten Silbe vorzubeugen.) Am häufigsten hat Otfrid zwei Akzente in der Halbzeile eingetragen, oft aber auch nur einen oder drei.

Die Silbensumme von Otfrids Vers ist in weiten Grenzen, die gleichwohl viel enger gezogen sind als beim altgerm. Stabreimvers, beweglich: sie reicht (jeweils im Halbvers) von vier Silben (*fuazfál-lōnti*, I, 5, 50a) bis zu zehn Silben (*ni uuas ér thaz lioht, ih sagēn thir éin*, II, 2, 11a). Am häufigsten sind Verse von 6 bis 7 Silben. Während die Füllung der Kadenz festliegt, gilt für den Verseingang wie das Versinnere der Grundsatz der Füllungsfreiheit. Etwa drei-viertel aller Verse beginnt mit Auftakt; in den frühen Partien des Werkes sind es erheblich weniger. Beim Auftakt überwiegen einsil-bige, doch sind auch zweisilbige nicht selten. Dreisilbiger Auftakt kommt insgesamt nur ca. vierzigmal vor, viersilbiger wohl über-haupt nur einmal (*inti thu ni hórtōs hiar in lánte*, V, 9, 23a). Die Innentakte umspannen eine bis vier Silben im ersten und eine bis drei Silben im zweiten und dritten Takt; den zweisilbigen Takt, also die sprachliche Erfüllung jedes Taktteils mit einer Silbe, strebt Otfrid mehr und mehr an – sein Ziel oder sein Ideal ist der *alternierende Rhythmus*, der regelmäßige Wechsel von Hebung und Senkung. In ihm ist zugleich das Prinzip des Taktes (als des gleichen zeitlichen Abstands von Iktus zu Iktus) verwirklicht, das der vorotfridsche dt. Vers nicht kennt. Aber auch da, wo Otfrids Verse nicht alternierend gebaut sind, eignet ihnen eine größere Regelmäßigkeit und Ausgewogenheit als dem germ. Stabreimvers.

Vom rhythmischen Prinzip der Alternation her behebt sich leicht eine gewisse Schwierigkeit, die dem Leser die angemessene Betonung dreisilbi-ger Wörter mit langer Stammsilbe gelegentlich bereitet, bei denen eine Nebenhebung ebensowohl auf der zweiten wie auf der dritten Silbe möglich ist. Die Nebenhebung liegt auf der Mittelsilbe, wenn das nachfolgende Wort in der Hebung steht oder mit ihr beginnt; sie liegt auf der Endsilbe, wenn das folgende Wort in der Senkung steht oder mit ihr beginnt. Darum *héilègen wínè* II, 9, 6b, aber *héilegès giscríbes fól* II, 9, 13b.

Eine große Rolle spielt im Otfridvers die Behandlung des Hia-tus, dem der Dichter besondere Aufmerksamkeit geschenkt hat. Unter *Hiatus* versteht man das Zusammentreffen eines auslauten-den und eines anlautenden Vokals, z. B. (ahd.) *hōrta er*, (mhd.) *gruozte er*. Otfrid hat den Hiatus weithin, aber keineswegs immer gemieden. Die Meidung des Hiatus entstammt nicht dem germ. Sprachgefühl, sondern dem lat. und der lat. Kunsttheorie. Mit Helmut *de Boor*, der dem Hiatus bei Otfrid eine erschöpfende Untersuchung gewidmet hat, lassen sich in den Handschriften drei Möglichkeiten unterscheiden:

1. der auslautende Vokal bleibt erhalten: *hōrta er:* ›Vollform‹;
2. der auslautende Vokal wird unterpunktet, um seinen Wegfall anzudeuten: *hōrtạ er:* ›Punktform‹;
3. der auslautende Vokal wird graphisch unterdrückt: *hōrt er:* ›Kurzform‹.

Vollform und Punktform können unter dem Begriff ›Langform‹ zusammengefaßt werden. Die Unterpunktung findet sich in der Hs. P mehr als doppelt so oft wie in der Hs. V, und zwar jeweils am häufigsten im 1. Buch. Verba und Nomina unterscheiden sich in der Behandlung des Hiatus durchaus: beim Verbum sind die Kurzformen usuell, bei den Nomina dagegen sind sie weit weniger üblich. Wenn Kurzformen auch außerhalb des Hiats vorkommen können, ist dies hier wie dort in gleicher Weise der Fall, das heißt, ihr Auftreten ist nicht an den Hiat gebunden, vielmehr sind sie sprachübliche Formen. Hingegen sind die Punktformen Ausdruck nur metrischer Bedürfnisse: die Unterpunktung ist (wie das Setzen der Akzente) eine Lesehilfe, die anfangs häufig, später zunehmend weniger gegeben wurde. Im einzelnen standen Otfrid, wie späteren Dichtern, mehrere Möglichkeiten zur Verfügung, zur Vermeidung des Hiats oder auch aus anderen Gründen Wortformen umzubilden. Man nennt die Umbildung von Wortformen, sei es aus metrischen Gründen, sei es aus Gründen des Wohlklangs (euphonischen Gründen) oder aus sonstigen, *Metaplasmus* – ein von Otfrid selbst in seinem Schreiben an Erzbischof Liutbert von Mainz verwendeter Ausdruck. Unter diesem Oberbegriff sind verschiedene Unterarten zu subsumieren. Da die Unterdrückung der Vokale und die daraus etwa resultierende Zusammenziehung von Wörtern bei Otfrid durchweg als *Synalöphe* bezeichnet wird – ein wiederum in dem genannten Schreiben von dem Dichter selbst gebrauchter Terminus –, versparen wir die Aufzählung der einzelnen Möglichkeiten auf später (vgl. u., S. 70 f.). Die Synalöphe tritt bei Otfrid nicht nur aus metrischen Gründen und insbesondere zur Hiatvermeidung ein, sondern auch in Übereinstimmung mit dem Gebrauch der lebendigen Sprache. Man merke namentlich die folgenden für Otfrids Sprache charakteristischen, aber auch in anderen Denkmälern begegnenden Verkürzungen bzw. Verschmelzungen: *nan, mo, ro < inan, imo, iro; theiz, theih, theist <*

thaz iz, thaz ih, thaz ist; die Zusammenziehung der Dativformen des Demonstrativpronomens mit der Präposition *zi* : *zëmo, zëru, zēn* < *zi thëmo, zi thëru, zi thēn* wobei *zëmo* weiter verkürzt werden kann zu *zëm, zëru* zu *zër*); die Verschmelzung der Negation *ni* mit *ist, io, oba* > *nist, nio, nub*.

Besondere Aufmerksamkeit verdient bei Otfrid wie in den anderen ahd. Reimdichtungen der Endreim. Unter rhythmischem Gesichtspunkt, das heißt, wenn man Kadenz und Reim in Beziehung setzt, lassen sich im »Evangelienbuch« acht verschiedene Typen unterscheiden (vgl. A. Heusler, §446):

1.	1v : 1v	máht : náht
2.	1v : 2k	sún : líazùn
3.	1v : 3k	tház : mánagàz
4a)	2k : 2k	wúntàr : súntàr
4b)	2k : 2k	líndò : sélbò
5.	2k : 3k	wíbòn : mágadòn
6a)	3k : 3k	zélità : wélità
6b)	3k : 3k	áfarðn : rédinðn

In den Fällen 4a) und 6a) umspannt die zwei- bzw. dreisilbige Reimbindung die gesamte Ausdehnung der Kadenz, während in den Fällen 4b) und 6b) der Reim sich nur auf die Endsilbe erstreckt. In der Reimbindung selbst, in ihrer lautlichen Beschaffenheit (Ausdehnung und Reinheit) unterscheiden sich Otfrid und die anderen, uns unbekannten Dichter z.T. erheblich voneinander. Es ist deshalb notwendig, sich nicht bloß an Otfrids Verskunst zu orientieren. Will man der Frühgeschichte des dt. Reims, also der der ahd. und frmhd. Epoche, gerecht werden, dann ist es eine unerläßliche Voraussetzung, nicht von den heutigen oder auch den hochmittelalterlichen Vorstellungen vom Reim, nicht von den Anforderungen, die man in der Blütezeit der staufischen Dichtung an ihn zu stellen gewohnt war, auszugehen. Manche der Bindungen, die den Dichtern des 9. bis 12. Jh. als ausreichend erschienen, klingen in unseren Ohren kaum oder überhaupt nicht als Reim. Über die Bewertung mancher Reimbindungen, ja sogar über die Terminologie herrscht in der Forschung keine Einhelligkeit. Wir lehnen uns im folgenden an die an, die Ulrich *Pretzel* in seiner »Frühgeschichte des deutschen Reims« verwendet, weil sie geeignet ist, alle Erscheinungen zu erfassen und geschichtlich angemessen zu beurteilen. Freilich wird man in der Interpretation des Reimmaterials gelegentlich anders verfahren müssen, als Pretzel es tut (bzw. seinerzeit getan hat). Man kann unterscheiden:

1. *Vollreime* (einschließlich der Reime der sog. schweren Nebensilben), auch *Hauptsilbenreime* genannt; die gleichfalls begegnende Bezeichnung ›Stammsilbenreim‹ ist zu eng, da es nicht immer die Stammsilbe ist, die den Hauptton trägt;
2. *Reime von Haupt- auf Nebensilbe*;
3. *Assonanzen*;
4. *Endsilbenreime*;
5. *sog. primitive Reime.*

Auf jeden Fall vermieden werden sollte der Begriff ›Halbreim‹, da er in besonders hohem Grade unklar ist und zur Bezeichnung sowohl von Assonanzen als auch von Endsilbenreimen als auch von unreinen Vollreimen herangezogen wird – und damit für Erscheinungen, die deutlich zu trennen sind.

Terminologisch legitim (darum freilich noch nicht unbedingt sachlich angemessen) ist es selbstverständlich, den Begriff ›Halbreim‹ (mit Andreas Heusler [§ 444] und neuerdings wieder Werner Schröder) dann zu verwenden, wenn er klar definiert ist. Heusler und Schröder sprechen von einem vokalischen Halbreim, wenn nur die Tonvokale der jeweils letzten Haupttonsilbe übereinstimmen (z. B.: *heili* : *(gi)meini*, und von einem konsonantischen Halbreim, wenn sich die Übereinstimmung lediglich auf die Konsonanten nach dem letzten haupttonigen Vokal erstreckt (z. B.: *harto* : *worto*). Zusätzlicher Gleichklang der Vokale etwa noch folgender schwachbetonter Endsilben ist, wie in den angeführten Beispielen, in beiden Fällen möglich.

Zu 1.: Dem Vollreim (z. B. *guat* : *muat, thultun* : *fultun, zelita* : *welita*) gleichwertig ist die Bindung schwerer Nebensilben (z. B. *luginari* : *skachari* [Ludw. 17], *kraft* : *sigihaft* [Ludw. 55], *uuari* : *goukelari* [Georgslied 23 bzw. 25]). Noch in der hochmittelalterlichen Dichtung können diese schweren Nebensilben Träger des Gleichklangs sein (vgl. z. B. *minnære* : *mære*, Tr. 19363 f.).

Zu 2.: Häufig sind Bindungen von Haupt- auf Nebensilbe (z. B. *thaz* : *managaz, man* : *lidan* [Ludw. 11], *loses* : *thes* [Ludw. 18]).

Zu 3.: Überaus divergierend wird der Begriff ›Assonanz‹ gebraucht. Es empfiehlt sich, ihn so zu verwenden, daß der Terminus in ahd. und frmhd. Zeit kein anderes Phänomen bezeichnet als in der neudt. Metrik (ohne daß selbstverständlich irgendein genetischer Zusammenhang zwischen dem, was im 9. bis 12. Jh. Assonanzen sind, und dem, was etwa in der Romantik darunter verstanden wird, besteht). Besonders klar hat Ulrich Pretzel das Wesen der Assonanz herausgestellt. Assonanz heißt ›Anklang‹. Beim Endreim klingen die Wörter vom Vokal der Hauptsilbe an gleich, sie ›konsonieren‹; bei der Assonanz klingen sie nur an, ›assonieren‹

sie nur, weil nicht alle Laute gleich sind. Diejenigen Laute, die den Gleichklang unterbrechen, die ›dissonieren‹, sind die Konsonanten. Zur Assonanz gehört mithin, daß die beiden Reimwörter teilweise gleiche Laute umfassen (nämlich die Vokale), teilweise verschiedene Laute (nämlich die Konsonanten): aus der ›Konsonanz‹ der Vokale und der ›Dissonanz‹ der Konsonanten entsteht die ›Assonanz‹ der Wörter, z. B. *thanc* : *kamf* (Ludw. 56), *thanne* : *alle*. Die Assonanz erstreckt sich immer auf die Stammsilbe (Hauptsilbe); die Übereinstimmung der Vokale auch in u. U. noch folgenden Silben ist für Otfrid wichtiger als für die spätere Zeit, da immer mehr der Gleichklang in der Stammsilbe angestrebt wurde, sogar unter Vernachlässigung des Gleichklangs am Wortende.

Zu 4.: Grundsätzlich von der Assonanz verschieden ist der Endsilbenreim, der für die Anfänge des dt. Reims ganz besonders charakteristisch ist: die Übereinstimmung der Versausgänge nur vom Vokal der Endsilbe an. Hierher gehören etwa Bindungen wie *selbo* : *lindo, gizalta* : *scolta* oder *drōstes* : *geistes*. Entscheidend ist beim Endsilbenreim, wie bei jedem Reim, die Übereinstimmung der Vokale. Es läßt sich indes beobachten, daß bei Otfrid nur in verhältnismäßig wenigen Fällen die Gleichheit erst mit dem Vokal der Endsilbe beginnt, vielmehr erstreckt sich der Gleichklang öfters auch auf den oder die vorangehenden Konsonanten. Wir unterscheiden demgemäß Endsilbenreime ohne konsonantische Deckung (z. B. *druhtīne* : *souge* [O I, 5, 36], *mālo* : *herigo* [Georgslied 1]) von solchen mit einfacher konsonantischer Deckung (*marko* : *folko* [ebd. 2], *uuāra* : *mēra*) und solchen mit doppelter konsonantischer Deckung (*mildo* : *haldo* [Augsburger Gebet 4]).

Anders als Ulrich Pretzel möchte Ludwig *Wolff* den Terminus ›Endsilbenreim‹ den relativ wenigen Fällen vorbehalten, bei denen der Reim sich nur auf die Vokale der Endsilben erstreckt, nicht auch auf die vorausgehenden Konsonanten, und er hat mit Recht darauf hinweisen können, daß zwar bei Reimbindungen wie *dāti* : *nōti* die mitreimenden Konsonanten der Endsilbe angehören, aber etwa bei der Bindung *harto* : *worto* der Gleichklang schon mit dem Konsonanten in der Tonsilbe beginnt (AfdA 48, S. 21). Insofern wäre der Terminus ›Endsilbenreim‹ tatsächlich nicht adäquat. Da jedoch immer die Vokale und nicht die Konsonanten für den Reim konstitutiv sind, ist auch für den Endsilbenreim die Übereinstimmung der Endsilbenvokale maßgebend, und im Hinblick auf sie ist die Bezeichnung ›Endsilbenreim‹ in dem oben erwähnten Sinne zu verstehen und zu rechtfertigen. Offensichtlich suchten die Dichter jedoch dem Gleichklang durch die Mitreimung der vorangehenden Konsonanten eine möglichst große Ausdehnung zu geben. Zu beachten ist, daß die dem Endsilbenreim vorangehenden Konsonanten nicht unbedingt gleich sein müssen, um den Reim stützen zu können, vielmehr genügt dafür ihre

Verwandtschaft (vgl. Ludw. 10 : *arbeidi* : *mahti* – Endsilbenreim mit einfacher konsonantischer Deckung). Otfridsche Bindungen wie *nōti* : *dāti*, *rihtī* : *krefti*, *fuarta* : *gihōrta* sind demnach als Endsilbenreime mit einfacher bzw. doppelter konsonantischer Deckung zu charakterisieren. Wenn Ludwig Wolff demgegenüber meint, der Umstand, daß einmal jeweils lange, das anderemal jeweils kurze Vokale in der Stammsilbe einander entsprechen, bedeute für den Dichter schon eine bindende Gleichheit (AfdA 48, S. 22), so steht dieser Annahme entscheidend das Bedenken entgegen, daß die Entsprechung von bloßen Längen oder Kürzen verschiedener Vokale eben niemals einen Reim konstituieren kann (U. Pretzel, Frühgeschichte . . ., S. 43), wiewohl Wolff richtig beobachtet hat, daß Otfrid sorgfältig auf die Quantitätsgleichheit der Vokale achtet, sogar darauf, ob sie von Natur oder nur positionslang sind, und also Bindungen von der Art *dāti* : *nōti* liebt, nicht jedoch von der Art *dāti* : *enti*.

Während in der hochmittelalterlichen Dichtung der bloße Endsilbenreim kein Daseinsrecht mehr hat, hat er im späten Mittelalter und in der frühen Neuzeit zum Teil wieder an Geltung gewonnen. Dafür zwei Beispiele aus dem 16. Jh. Ludwig Helmbold reimt in seinem bekannten Lied *Von Gott will ich nicht lassen* (aus dem Jahre 1563) *Hulde* und *balde* (also ein Endsilbenreim mit doppelter konsonantischer Deckung). Hans Sachs bleibt in seiner »wittembergisch nachtigall« hinter dieser Klanggleichheit sogar noch zurück, wenn er schreibt: *Ist doctor Martinus Luther, / Zu Wittemberg Augustiner* (Spruchfassung, v. 101/102; gedichtet nach eigener Angabe am 8. Juli 1523). Freilich hätte auch kein Reimvirtuose des 13. Jh. diese beiden Wörter durch einen reinen Vollreim zu verknüpfen vermocht.

Zu 5.: Der sog. primitive Reim bemißt sich nach dem durch Otfrid gesetzten Maßstab der Endsilbenbindung. Er umfaßt (für uns kaum noch als solche erkennbare) Gleichklänge, die hinter dem Endsilbenreimprinzip zurückbleiben und u. U. nur die Übereinstimmung der Endkonsonanz betreffen, etwa *ūz* : *imoz* (Ludw. 40).

Alle Arten der Reimbindung begegnen z. B. in der Dichtung von »Christus und der Samariterin«, deren Reime hier als Beispiel für die verschiedenen Möglichkeiten ahd. Endreimdichtung vollständig angeführt und klassifiziert seien.

1 fuori : (fart)muodi Assonanz
2 thaz : (ki)saz Vollreim
3 Samario : Sārio Vollreim, vokalisch (quantitativ) unrein
4 uuazzer : saz er Vollreim
5 thegana : (līp)leita Endsilbenreim ohne konsonantische Deckung
6 (ke)trencan : quam Haupt- auf Nebensilbe, konsonantisch unrein
7 man : trinkan Haupt- auf Nebensilbe
8 Christ : uuist Vollreim
9 uuissis : gift ist Assonanz, quantitativ unreiner Vokal in der zweiten Silbe

10 (er)cantīs : kōsōtīs Endsilbenreim mit einf. kons. Deckung
11 unnen : (kec)prunnen Vollreim
12 tiuf : liuf Vollreim
13 (kī)scirres : (ki)scephēs Endsilbenreim (quantitativ unrein) ohne konsonantische Deckung
14 man : (quec)prunnan Haupt- auf Nebensilbe
15 (ke)lop : Iacob Vollreim
16 brunnan : man Haupt- auf Nebensilbe
17 (smale)nōzzer : uuazzer Endsilbenreim mit doppelter kons. Deckung
18 uuazzer : mēr Haupt- auf Nebensilbe, vokalisch (quantitativ) unrein
19 mīn : sīn Vollreim
20 pruston : lustonVollreim
21 dir : mir Vollreim
22 tac : durstac Haupt- auf Nebensilbe
23 (anne)uuert : uuirt primitiver Reim (man beachte aber die Übereinstimmung des Anlautes)
24 libiti : hebiti Endsilbenreim mit (zweimaliger) konsonant. Deckung
25 segist : hebist Assonanz
26 finfe : volliste Assonanz
27 sīn : dīn Vollreim
28 scīn : sīn Vollreim
29 (gi)borana : berega Endsilbenreim ohne konsonantische Deckung
30 (alt)māga : (ge)nāda Assonanz
31 (ki)corana : Hierosolima Assonanz, ungleicher Vokal in der unbetonten
 Silbe

Die Frage nach dem Vorbild der Otfridstrophe, die nach den Darlegungen Andreas *Heuslers* im wesentlichen geklärt schien, wird neuerdings wieder lebhaft diskutiert. Nach der durch Heusler vertretenen und verbreiteten Ansicht, die zuerst (1846 und 1847) Wilhelm *Wackernagel* geäußert hatte, geht die Otfridsche Strophe auf die christlich-lateinische Hymnenstrophe zurück, die vor allem mit dem Namen des Bischofs Ambrosius von Mailand (ca. 340–397) verbunden ist, dem als erster lat. Hymnendichter Hilarius von Poitiers (ca. 315/320–367) vorangeht. Die *ambrosianische Hymnenstrophe* besteht aus vier isosyllabisch gebauten Versen, d. h. die Zahl der Silben innerhalb des Verses ist gebunden (oder nahezu gebunden) und innerhalb der Strophen (von denen jeweils acht – oder auch vier – einen Hymnus bilden) immer gleich. Der ambrosianische Hymnenvers (neben dem andere weniger häufig vorkommen) umfaßt acht Silben; vom Standpunkt der antiken Metrik aus sind es zwei jambische Dimeter: ◡ — ◡ — ◡ — ◡ —. Die Versordnung der Hymnen ist zunächst noch durch die Quantität der Silben bestimmt, beruht auf deren Länge und Kürze (›metrisches Prinzip‹). Seit dem ersten Drittel des 6. Jh. stellt sich, ausgehend von Südgallien, das ›rhythmische Prinzip‹ ein, und zwar zuerst am Versschluß: der Wortakzent, der Wechsel von betonten und unbetonten Silben wird für den Vers maßgebend. Diese neue Dichtungsart wurde als *carmina rhythmica* den klassischen *carmina metrica* gegenübergestellt. Da die carmina rhythmica zunehmend gereimt wurden, wurde carmen rhythmicum zur Bezeichnung eines gereimten Gedichtes. Die Hymnen des Ambrosius selbst sind zwar reimlos, im Laufe der Zeit wurde jedoch der Reim in der lat. Hymnendichtung die Regel, und er tritt zur Zeit Otfrids in ihr schon relativ häufig auf, wobei es zwischen reimlosen und aus zwei Reimpaaren bestehenden Strophen nicht an Übergängen fehlt (z. B. ein Reimpaar und zwei reimlose Verse). Endgültig ist der Reim freilich erst im 11. Jh. für die lat. Dichtung verpflichtend geworden. Nach weitverbreiteter Auffassung hat Otfrid die beiden Kurzverse des Reimpaares zu Halbversen der ihm aus der heimischen Überlieferung vertrauten Langzeile umgestaltet, den Zweivierteltakt dabei mit dem Prinzip der Füllungsfreiheit verbindend. Andreas Heusler hat das Verhältnis des Otfridschen Verses zur lat. Hymnendichtung im einzelnen prägnant wie folgt bestimmt (§474): Otfrid hat seiner Vorlage entlehnt: 1. die ambrosianische Strophe aus zweimal zwei Vierhebern; 2. das Grundmaß des Kurzverses: vier Kurztakte; 3. die stete Füllung des Schlußtaktes mit *einer* Silbe. Aber er hat sich auch von der Vorlage entfernt: 1. in der freien Silbensumme seines Verses; 2. in der freien Füllung von Auftakt und Innentakten; 3. in den reicheren Kadenzmöglichkeiten. Lat. bzw. lat.-christliche und germ. Formelemente sind also in Otfrids Vers zu einer Synthese verschmolzen. Wie immer bei Heusler ist diese Deutung sehr einprägsam und wirkt in sich überzeugend; aber ebenso eignet der Zurückführung der Otfrid-strophe allein auf die Hymnenstrophe ein zweites Charakteristikum von Heuslers Thesen: daß höchstwahrscheinlich komplexe und verschlungene Sachverhalte auf einige wenige große Linien reduziert werden.

Nicht nur in der Frage nach dem Vorbild, sondern vor allem auch in der Frage der Rhythmisierung des Otfridverses nimmt Paul *Hörmann* eine Sonderstellung ein. Hörmanns Hauptthese ist, daß Otfrids Verse nicht, wie allgemein angenommen, achthebig, sondern sechshebig gelesen werden müßten (und daß sein Vorbild sechshebige Verse gewesen seien). In begrenzterem Maße hat sich dafür bereits Friedrich *Kauffmann* ausgesprochen: »Männlich gereimte, von Otfrid nur mit *einem* Akzent versehene Verse sind [. . .] nicht vierhebig, sondern dreihebig« (»Deutsche Metrik«, §47; vgl. auch dens., Metrische Studien. II. Dreihebige Verse in

Otfrids Evangelienbuch, ZfdPh 29, 1897, S. 17–49, hier S. 25).
Hörmanns ›Beweisführung‹ besteht in der Interpretation von
Otfrids eigenen theoretischen Äußerungen, wie sie sich in seiner
lat. Zuschrift an Erzbischof Liutbert von Mainz und im Eingangs-
kapitel des »Evangelienbuches« *Cur scriptor hunc librum theotisce
dictaverit* finden, und im Vergleich dieser Äußerungen mit den
gängigen metrischen und grammatischen Anschauungen der Zeit.
Hörmann verweist etwa darauf (S. 50 f.), daß Otfrid in seinem
Schreiben an Liutbert mit Vergil, Lucan und Ovid einerseits,
Juvencus, Arator und Prudentius andererseits nur Dichter anführt,
die fast ausschließlich Hexameter verfaßt haben. (Freilich nennt
Otfrid sie nicht als seine direkten Vorbilder.) Wichtiger noch ist für
Hörmann mit Recht die Deutung der Äußerungen in dem Kapitel
Cur scriptor . . . , wobei der Zahl ›sechs‹ (v. 49 b: *theso séhs zīti*!)
eine Schlüsselstellung zukommt, die Metaphysisches und Metri-
sches umspannt. Hörmann erreicht die sechstaktige Lesung von
Otfrids Vers nach dem Vorbild des Hexameters durch häufige
Annahme zwei-, auch dreisilbiger Senkungen – statt einer Nebenhebung – und auch von Senkung statt Nebenhebung im Versausgang. Daß Otfrid selbst den Halbvers gelegentlich mit vier Akzenten versehen hat, hält er für kein gewichtiges Gegenargument. Wir
stellen zur Veranschaulichung die achthebige und die sechshebige
Rhythmisierung zweier Verse einander gegenüber, zunächst nur
mit Otfrids Akzenten, dann mit acht, schließlich mit sechs Hebungen:

> Ubar Fránkōno lant   sō gengit éllu sīn giuualt,
> thaz ríhtit, sō ih thir zéllu,   thiu sīn giuuált ellu.

> Úbar Fránkŏno lánt   sō géngit éllu sīn giuuált,
> thaz ríhtit, sŏ ih thir zéllù,   thiu sīn giuuált éllù.

> Úbar Fránkōno lánt   sō géngit éllu sīn giuuált,
> thaz ríhtit, sŏ ih thir zéllu,   thiu sīn giuuált éllu.
>
> (Ad Ludowicum 3 f.)

Bei Annahme von nur sechs Hebungen ist der Otfridvers weit
weniger regelmäßig als bei achttaktiger Rhythmisierung. Daß Hörmann in der Interpretation von Otfrids Äußerungen grammatisch-
syntaktische Fehler unterlaufen sind, hat Friedrich *Neumann* nachgewiesen, so daß diese wesentliche Stütze, ja Grundlage seiner
Auffassung hinfällig ist. Auch die Entwertung der Reimsilbe, die in
vielen Fällen in die Senkung gesetzt wird, steht in Widerspruch zu
Otfrids Intention, die dem Gleichklang am Versende, dem Homoi-

oteleuton, größte Bedeutung zumißt. Einen Verteidiger hat Hörmann jüngst in Aage *Kabell* gefunden (Metrische Studien I: Der Alliterationsvers, 1978, S. 298ff.). Dennoch darf gerade die These, daß Otfrids Vers nur sechs Hebungen habe, als höchst unwahrscheinlich gelten.

An der Achthebigkeit des Otfridverses hält auch Hörmanns Lehrer Friedrich *Maurer* fest, doch führt er ihn nicht, wie Heusler, auf die ambrosianische Hymnenstrophe zurück, sondern auf den leoninischen Hexameter. Der *leoninische Hexameter* ist ein zäsurgereimter Hexameter, der im Mittelalter weit verbreitet war. Die Zäsur ist bei ihm speziell die Penthemimeres, d. h., sie liegt nach der Arsis (Hebung) des dritten Fußes (Daktylus oder Spondeus).

Der Begriff *leoninus*, von dem die Substantive *leonitas, leoninitas* abgeleitet sind, wird mit Papst Leo I. (oder auch mit einem mlat. Dichter namens Leo) in Verbindung gebracht. *Leonitas, leoninitas* zielt zunächst auf den Rhythmus, später dann auf den Reim. Den frühesten sicher datierbaren Beleg für die Benennung gereimter Hexameter als versus Leonini bietet die »Ars versificatoria« des Matthäus von Vendôme (ca. 1170). Vgl. hierzu Carl Erdmann: Leonitas. Zur mittelalterlichen Lehre von Kursus, Rhythmus und Reim, in: Corona Quernea. Festgabe Karl Strecker zum 80. Geburtstage dargebracht, 1941, unveränderter Nachdruck 1952, S. 15–28.

Maurer spricht von dem leoninischen Hexameter als binnengereimtem Hexameter wie vom Otfridvers als binnengereimter Langzeile, wogegen Friedrich Neumann und namentlich Werner Schröder erhebliche Einwände vorgebracht haben. Dem Metrum nach handelt es sich nach Maurer beim leoninischen Hexameter zwar um sechshebige Verse, dem Rhythmus nach, wenn er von Deutschen gesprochen wird, aber um Achtheber, das heißt, die leoninischen Hexameter seien achthebig rhythmisiert worden – dies ist die Brücke zur achttaktigen Langzeile Otfrids –, was schwerlich überzeugend gemacht werden kann. Auch die Verbindung zweier Langverse zur strophischen Einheit ist nach Maurer nicht auf die Hymnenstrophe mit ihren zwei Reimpaaren zurückzuführen, sondern eher auf die heimische Tradition des Stabreimverses oder auch auf das zweizeilige Distichon der Epik. Daß Otfrid den seit langem verbreiteten zäsurgereimten Hexameter gekannt hat, ist nicht zu bezweifeln. Aber er war doch gerade zur Zeit Otfrids keine so beherrschende Form, als daß man ihn schon deshalb wiederum als alleiniges Vorbild Otfrids betrachten dürfte. Seine große Zeit ist erst das 10. Jh. (z. B. Hrotsvith) und das 11. Jh. (z. B. im »Ruodlieb«).

Ewald *Jammers*, der den schon früher, so von Wilhelm Wacker-

43

nagel und Friedrich Kauffmann, angenommenen musikalisch-rezitativischen Vortrag von Otfrids Dichtung (wie der mittelalterlichen Erzähldichtung überhaupt) verficht, wobei er sich u. a. auf die Neumierung zweier Verszeilen des »Liber evangeliorum« in der Otfrid-Hs. P stützen kann, setzt Otfrids Vers gleichfalls gegenüber dem Hymnenvers ab, ist aber auch zurückhaltend gegenüber der Herleitung aus dem leoninischen Hexameter. Der Otfridvers geht nach Jammers vielmehr auf mehrere Wurzeln zurück: »Er [Otfrid] ahmt [. . .] *unmittelbar* und *unverändert* keine lateinische Form nach [. . .] – er verbindet in seinem Werke das Rezitativ der lateinischen kirchlichen Lektionen und noch mehr der lateinischen rezitierten Hexameter mit dem für ihn selbstverständlichen germanischen Hebigkeitsprinzip« (Heidelberger Jahrbücher, S. 67). In der Annahme der Komplexität der Grundlagen des Otfridschen Verses wird man Jammers zustimmen können; manches ist aber doch schärfer und konkreter zu fassen, als es in dem zitierten Satz geschehen ist. Auch in der Kontroverse, ob Otfrids Vers achthebig oder sechshebig zu rhythmisieren sei, nimmt Jammers eine Zwischenstellung ein: Er rechnet mit der Umdeutung der vier Hebungen im Halbvers auf drei beim rezitativischen Vortrag.

Zur Zeit (im Jahre 1980) stellt sich die Forschungslage so dar, daß die Herleitung der Otfridstrophe aus der ambrosianischen Hymnenstrophe, die eine Zeitlang fraglich schien, dank der umfassenden Untersuchungen von Ulrich *Ernst* und Rainer *Patzlaff* wieder erheblich an Plausibilität gewonnen hat. Beide Forscher, besonders U. Ernst, haben die spätantike und frühmittelalterliche Dichtungs- (und Vers-)tradition, in der Otfrid steht, im einzelnen aufgezeigt. Diese Tradition ist nicht einlinig, sondern komplex; aber die entscheidende Komponente in ihr ist die Hymnendichtung, wobei ihre insulare (irische und angelsächsische), auch auf dem Kontinent verbreitete Ausprägung für Otfrid von besonderer Bedeutung gewesen sein dürfte (Rainer Patzlaff). Es ist dabei nicht einmal notwendig, wie dies früher durchweg, von und mit Andreas Heusler, angenommen wurde, mit einer Umgestaltung der zweimal zwei Vierheber, also von Kurzversen, der ambrosianischen Hymnenstrophe zu der heimischer Überlieferung entsprechenden Form der Langzeile bzw. zur Strophe aus zwei Langzeilen durch Otfrid zu rechnen: die lat. Hymnen erscheinen gerade im 9. Jh., wenn die Verse abgesetzt und nicht fortlaufend geschrieben sind, ganz überwiegend in Langzeilen (vgl. R. Patzlaff, S. 119), und dies offenbar nicht allein graphisch, sondern auch syntaktisch-stilistisch. Die jüngere Forschung hat darüber hinaus endgültig geklärt, daß Form, Formprinzipien und Formkunst für Otfrid nichts Autonomes sind, sondern ihren eigentlichen Sinn und Zweck darin haben, auf Gott und seine Schöpfungsordnung hinzuweisen. Ulrich *Ernst* hat erhellend von einer »theologisch fundierten Versästhetik« gesprochen.

Offengeblieben ist bisher noch die Herkunft des Reims in Otfrids Dichtung. Die Frage, ob Otfrid der erste gewesen ist, der den Reim in der dt. Dichtung verwandt hat, ist nicht endgültig geklärt. Immerhin ist nicht nur von vornherein anzunehmen, sondern auch konkret nachzuweisen, daß sich Gleichklänge am Versende auch schon früher eingestellt haben (vgl. z. B. o., S. 27 f.). Prä- und subliterarische Verse mit Endreim waren im fränkischen und eventuell auch im alemannischen Sprachgebiet wohl vorhanden, und sie sind gelegentlich auch literarisch geworden. Das bedeutet aber nicht zugleich, daß Otfrid in einer vor und neben ihm vorhandenen volkssprachigen Form- (Strophen-, Vers- und Reim-)tradition gestanden habe (so Rainer Patzlaff, S. 229 f.). Es gibt kein Zeugnis und schwerlich eine Berechtigung für die These, daß der Reim bereits vor Otfrid in dt. Sprache als ein planmäßig angestrebtes und konstituierendes Prinzip des Verses existiert habe. Ulrich Ernst wird mit seiner Feststellung das Richtige treffen, »daß der Weißenburger bei Beginn seines Werkes keine ausgebildete volkssprachige Endreimpoesie vorfand, deren Form er nur zu übernehmen brauchte, sondern sich mit Recht auf diesem literarischen Terrain als Schöpfer und Neuerer fühlt« (S. 376 f.). Sieht man von der Auffassung Günther Schweikles ab (vgl. zu ihr u., S. 46), so ist man sich darin einig, das Vorbild (oder die Vorbilder) für die Einführung des Endreims als integrierenden Bestandteil des dt. Verses in der lat. Tradition zu suchen.

Andreas Heusler führte, wie schon Wilhelm Wackernagel, den Otfridschen Reim mit dem Otfridschen Vers insgesamt auf die christliche Hymnendichtung zurück, und es ist durchaus wahrscheinlich, daß in ihr eine Wurzel für den Endreim in der Otfridschen Dichtung liegt – aber wohl nicht die einzige. Vor allem ist immer wieder, zuletzt und besonders nachdrücklich von Friedrich Maurer und Aage Kabell, auf den leoninischen Hexameter verwiesen worden. Doch war dieser, wie schon erwähnt, im 9. Jh. nicht so verbreitet, daß man in ihm wiederum das alleinige Vorbild für den Endreim in dt. Dichtungen sehen darf. In der Vermittlung des in der mlat. Dichtung immerhin schon seit einigen Jahrhunderten geläufigen Endreims an die dt. Dichter und Otfrid vorab – aber auch an die Skalden, die den planmäßigen Endreim in Form der *hending* kennen – dürften die Iren eine besondere Rolle gespielt haben. Sie waren im Vergleich mit den Dichtern anderer Völker besonders reimfreudig: der Reim erscheint bei ihnen schon im 7. und 8. Jh. voll ausgebildet, nicht als bloßer Endsilbenreim, sondern wirklich als Endreim. Insbesondere durch angelsächsische Weitergabe haben dt. Mönche diese Reimkunst der Iren kennenlernen können.

Gegen die communis opinio der Forschung hat im Jahre 1967 Günther *Schweikle* seine aufsehenerregende These gesetzt, als Quelle für Otfrids Reim kämen »nur heimische volkstümliche Gedichte mit Endreimversen« in Betracht, »die es im germanischen Raum mancherorts neben dem Stabreimvers gegeben haben muß« (ZfdA 96, S. 211 = WdF, Bd. 444, S. 353 f.). Schweikle rechnet mit einem ursprünglichen Nebeneinander von Stabreim und Reim in der germ. Dichtung. Zwar ist unbestritten, daß es in der älteren germ. Dichtung auch Endreime gibt, aber Schweikle muß sie, um seine These fundieren zu können, gegenüber der Alliteration offensichtlich überbewerten, so wie er umgekehrt genötigt ist, die Bedeutung des Endreims in der lat. Dichtung vor Otfrid zu »bagatellisieren« (Klaus von See, Germanische Verskunst, 1967, S. 79). Mit der Herauslösung der ahd. Endreimdichtung aus der sie tragenden lat. Tradition eröffnet sich für Schweikle sogar die Möglichkeit, die Frage zu stellen (und sie zu bejahen), ob in diesem Bereich »die lat. Kultursphäre nicht die Gebende, sondern die Empfangende gewesen wäre?« (ZfdA 96, S. 195 = WdF, Bd. 444, S. 331). Unbeschadet aller berechtigten Skepsis gegenüber Schweikles Position verdient doch neben anderem der von ihm formulierte Grundsatz Zustimmung: »Man sollte die formalen Entwicklungen in früher Zeit nicht auf zu geradlinige und monokausale Bahnen festlegen, sie aber auch nicht unbesehen in zu enge Beziehung zueinander setzen« (ZfdA 96, S. 207 = WdF, Bd. 444, S. 349).

Die Frage nach dem Ursprung des Reimes in der christlichen Dichtung der Spätantike und des frühen Mittelalters schließlich ist nicht in der simplen Form einer Namensnennung lösbar. Nicht allzuweit führt aber auch der (richtige) Hinweis darauf, daß der Reim sich namentlich im magisch-kultischen Sprechen bei vielen Völkern herausgebildet haben kann und tatsächlich herausgebildet hat, indem sich der Gleichlauf der Glieder, der eine Eigentümlichkeit solchen Sprechens ist (vgl. z. B. die Merseburger Zaubersprüche!), mit dem Gleichklang der Wörter am Versende verband. In diesem Sinne hat der Reim keinen gleichsam monophyletischen, sondern einen polyphyletischen Ursprung (These von der »Polygenese des Reims«). Seine Herkunft in unserem Raume, sein Eindringen in die mlat. und dann auch die volkssprachige europäische Dichtung des Mittelalters ist freilich doch präziser zu erfassen.

Der Altphilologe Eduard *Norden* hat die Ansicht vertreten, daß der Reim sich aus der antiken Kunstprosa entwickelt habe, und zwar aus der für sie charakteristischsten Figur, dem *Homoioteleuton*, dem Gleichklang von Wortausgängen, der besonders im ausgehenden Altertum im Griechischen wie im Lateinischen intensiv gepflegt wurde. Die antike Kunstprosa kennt solche Gleichklänge systematisch seit Gorgias (um 483–375 v. Chr.). Als

Prosareim im eigentlichen Sinne tritt er an der Kolonpause auf, unter-
streicht als kolonschließender Endreim die Gliederung des Satzes. Bis in die
Spätantike beruht dabei der Prosareim als ›Gleichformreim‹ auf der Gleichheit der grammatischen Form in den reimtragenden Wörtern (Homoiopto-
ton: Übereinstimmung der Kasus mehrerer Wörter, z. B. *vocum* [Gen. Pl.]:
rerum [Gen. Pl.]). Erst in der Spätantike wird daneben der ›Mischform-
reim‹ gebräuchlich, bei dem die reimtragenden Wörter von ungleicher
grammatischer Form sind (z. B. *dolori* [Dat. Sg.]: *contristari* [Inf. Pass.]).
Als der (prosa-)reimfreudigste Autor der Antike gilt Apuleius im 2. Jh.
n. Chr. (Karl Polheim, S. 206). Auch in der römischen Versdichtung der
voraugusteischen, augusteischen und nachaugusteischen Zeit, gerade bei
Hexameterdichtern, findet sich der Gleichklang zwischen der Versmitte
und dem Versende oder auch zwischen dem Versende zweier aufeinanderfolgender Verse. Doch niemals wird von den römischen Hexameterdichtern
der Reim als ein Prinzip verwandt, das integrierend und unabdingbar zum
Verse hinzugehörte. Überdies haben sich solche ›Reime‹ schon bei und seit
Homer eingestellt, indes eben zufällig, sporadisch und spontan, nur gelegentlich einmal beabsichtigt, um parallel gefügte Sätze auch klanglich zu
binden. Immerhin war das Prinzip des Reims in der Prosa wie in der
Versdichtung vorbereitet, als es dann in den carmina rhythmica, und das
heißt: in der christlichen Dichtung, durchgeführt wurde. Das Zwischen-
oder Bindeglied zwischen dem Homoioteleuton in der antiken Kunstprosa
und dem Reim in der christlichen Hymnendichtung ist nach Eduard
Norden die hymnenartige, rhetorische Predigt. Uhlands Wort, der europäische Endreim sei ein Geschenk der Kirche, ist darum nach wie vor
berechtigt, wenn man mehr an die Verbreitung und systematische Durch-
führung als an den Ursprung des Reimes denkt.

Es bleibt die Frage, ob es nicht eine Stelle gibt, an der gerade die
kirchlichen Dichter den Endreim über das hinaus vorgebildet finden konn-
ten, was es schon in der antiken Kunstprosa (und gelegentlich auch in der
Versdichtung) an Gleichklängen gibt. In der Forschung des 19. Jahrhunderts ist wiederholt, wie schon in vorwissenschaftlichen Spekulationen, der
lateinisch-christliche Endreim aus semitischer und zumal hebräischer (d. h.
biblischer) Tradition hergeleitet worden. Eine Modifizierung dieser
Ansicht, die besonderes Interesse beanspruchen darf, ist in jüngerer Zeit die
These des Hebraisten Karl Georg Kuhn, der aufgrund neu gefundener
Texte den Reim als eine verbreitete Erscheinung in den sog. Stammgebeten
des jüdischen Gottesdienstes im 1. nachchristlichen Jh., die sich überdies
wahrscheinlich als akzentuierende Metra darstellen, insbesondere im Acht-
zehnbittengebet, erschlossen hat. Somit wäre der Reim als bewußte Kunst-
form erstmals in der jüdischen Synagoge des 1. Jh. n. Chr. gepflegt worden,
von wo sie dann die junge christliche Kirche übernommen haben wird.
Wirkt diese Herleitung des Reims überzeugend, so ist es eine unsichere
Hypothese, daß das Vaterunser in seiner von K. G. Kuhn rekonstruierten
aramäischen Fassung ebenfalls schon Reime aufgewiesen habe.

Literatur:

Karl *Lachmann*: Über althochdeutsche Betonung und Verskunst, in: K. L., Kleinere Schriften zur Deutschen Philologie, hg. von Karl Müllenhoff, 1876, S. 358–406 (zuerst 1831/32 und 1834).

Paul *Habermann*: Die Metrik der kleineren althochdeutschen Reimgedichte, 1909. [Dazu Georg *Baesecke*, AfdA 34, 1910, S. 222–232; wieder abgedruckt in: G. B., Kleine metrische Schriften, 1968, S. 36–45.]

Ludwig *Wolff*: Untersuchungen über Otfrids Reimkunst, in: ZfdA 60, 1923, S. 265–283; wieder abgedruckt in: L. W., Kleinere Schriften zur altdeutschen Philologie, 1967, S. 93–108.

Hans *Bork*: Chronologische Studien zu Otfrids Evangelienbuch, 1927 (= Palaestra. 157). [Dazu Ludwig *Wolff*, AfdA 48, 1929, S. 17–27; wieder abgedruckt in: L. W., Kleinere Schriften zur altdeutschen Philologie, 1967, S. 109–119.]

Helmut *de Boor*: Untersuchungen zur Sprachbehandlung Otfrids. Hiatus und Synaloephe, 1928 (= Germanistische Abhandlungen, H. 60), unveränderter Nachdruck 1977.

Paul *Hörmann*: Untersuchungen zur Verslehre Otfrids, in: LJb. 9, 1939, S. 1–106.

Friedrich *Maurer*: Über Langzeilen und Langzeilenstrophen in der ältesten deutschen Dichtung, in: Beiträge zur Sprachwissenschaft und Volkskunde. Festschrift für Ernst Ochs, 1951, S. 31–52; wieder abgedruckt in: F. M., Dichtung und Sprache des Mittelalters. Gesammelte Aufsätze, 1963, ²1971, S. 174–194, und in: WdF, Bd. 444, 1977, S. 34–60, dazu »Nachtrag 1975« S. 60–65.

Ders.: Langzeilenstrophen und fortlaufende Reimpaare, in: DU 11, 1959, H. 2, S. 5–24; wieder abgedruckt in: F. M., Dichtung und Sprache des Mittelalters. Gesammelte Aufsätze, 1963, ²1971, S. 195–213.

Hennig *Brinkmann*: Verwandlung und Dauer. Otfrids Endreimdichtung und ihr geschichtlicher Zusammenhang, in: WW 2, 1951/52, S. 1–15; wieder abgedruckt in: WW, Sammelband II: Ältere deutsche Sprache und Literatur, 1963, S. 92–106, und in: WdF, Bd. 444, 1977, S. 66–88.

Friedrich *Neumann*: Otfrieds Auffassung vom Versbau, in: Beitr. 79 (Halle), Sonderband, 1957, S. 249–306; wieder abgedruckt in: F. N., Kleinere Schriften zur deutschen Philologie des Mittelalters, 1969, S. 1–41.

Ewald *Jammers*: Das mittelalterliche deutsche Epos und die Musik, in: Heidelberger Jahrbücher 1, 1957, S. 31–90; wieder abgedruckt in: E. J., Schrift·Ordnung·Gestalt. Gesammelte Aufsätze zur älteren Musikgeschichte, 1969, S. 105–171. [Dazu Karl Heinrich *Bertau* und Rudolf *Stephan*, AfdA 71, 1958/59, S. 57–74.]

Ders.: Der musikalische Vortrag des altdeutschen Epos, in: DU 11, 1959, H. 2, S. 98–116.

Peter von *Polenz*: Otfrids Wortspiel mit Versbegriffen als literarisches Bekenntnis, in: Festschrift für Ludwig Wolff, 1962, S. 121–134; wieder abgedruckt in: WdF, Bd. 444, 1977, S. 196–212.

Werner *Nemitz*: Zur Erklärung der sprachlichen Verstöße Otfrids von Weißenburg, in: Beitr. 84 (Tüb.), 1962, S. 358–432.

Christoph *Petzsch*: Otfrids *cantus lectionis*, in: Euph. 56, 1962, S. 397–401.

Kurt *Schacks*: Beschwerte Hebungen bei Otfried und Hartmann, in: Festgabe für Ulrich Pretzel, 1963, S. 72–85.

Werner *Schröder*: Zum Begriff der ›binnengereimten Langzeile‹ in der altdeutschen Versgeschichte, in: Festschrift Josef Quint, 1964, S. 194–202.

Ders.: Zu alten und neuen Theorien einer altdeutschen ›binnengereimten Langzeile‹, in: Beitr. 87 (Tüb.), 1965, S. 150–165; wieder abgedruckt in: WdF, Bd. 444, 1977, S. 269–286.

Karl *Bertau*: Epenrezitation im deutschen Mittelalter, in: Et. Germ. 20, 1965, S. 1–17.

Werner *Engel*: Die dichtungstheoretischen Bezeichnungen im »Liber evangeliorum« Otfrids von Weißenburg, Diss. Frankfurt am Main, 1969.

Walter *Haug*: Funktionsformen der althochdeutschen binnengereimten Langzeile, in: Werk – Typ – Situation. Studien zu poetologischen Bedingungen in der älteren deutschen Literatur, 1969, S. 20–44.

Roswitha *Wisniewski*: ›Significatio‹ des Verses. Otfrids Deutung metrisch geformter Sprache, in: Festschrift für Hans Eggers zum 65. Geburtstag (= Beitr. 94 [Tüb.], Sonderheft), 1972, S. 694–702; wieder abgedruckt in: WdF, Bd. 444, 1977, S. 422–431.

Ulrich *Ernst*: Der Liber Evangeliorum Otfrids von Weißenburg. Literarästhetik und Verstechnik im Lichte der Tradition, 1975.

Rainer *Patzlaff*: Otfrid von Weißenburg und die mittelalterliche versus-Tradition. Untersuchungen zur formgeschichtlichen Stellung der Otfridstrophe, 1975 (= Hermaea. N. F., Bd. 35).

Weitere Untersuchungen: Aufriß, Bd. III, ²1962, Sp. 2529 f.

Zur ›Vorgeschichte‹ des Reims und zur Frühgeschichte des deutschen Reims:

Wilhelm *Grimm*: Zur Geschichte des Reims, in: W. G., Kleinere Schriften, hg. von Gustav Hinrichs, Bd. 4, 1887, S. 125–341 (zuerst 1852).

Eduard *Norden*: Die antike Kunstprosa vom VI. Jahrhundert v. Chr. bis in die Zeit der Renaissance, 2 Bde, 3. Abdruck 1915/18, unveränderter Nachdruck 1974.

Hermann *Fränkel*: Aus der Frühgeschichte des deutschen Endreims, in: ZfdA 58, 1921, S. 41–64.

Karl *Polheim*: Die lateinische Reimprosa, 1925, unveränderter Nachdruck 1963.

Ulrich *Pretzel*: Frühgeschichte des deutschen Reims, Bd. 1: Allgemeiner Teil. Besonderer Teil I: Die Entwicklung bis zur Volltonigkeit des Reims, 1941 (= Palaestra. 220), unveränderter Nachdruck 1970. [Dazu Carl *Wesle*, GGA 203, 1941, S. 447–456, und Ludwig *Wolff*, AfdA 61, 1942, S. 67–75; wieder abgedruckt in: L. W., Kleinere Schriften zur altdeutschen Philologie, 1967, S. 120–129.]

Karl Georg *Kuhn*: Zur Geschichte des Reims, in: DVjs. 23, 1949,
S. 217–226; wieder abgedruckt in: WdF, Bd. 444, 1977, S. 22–33.

Hennig *Brinkmann*: Der Reim im frühen Mittelalter, in: Britannica. Fest-
schrift für Hermann M. Flasdieck, 1960, S. 62–81; wieder abgedruckt in:
H. B., Studien zur Geschichte der deutschen Sprache und Literatur, Bd.
II: Literatur, 1966, S. 58–78, und in: WdF, Bd. 444, 1977, S. 149–176.

Günther *Schweikle*: Die Herkunft des althochdeutschen Reimes. Zu
Otfrieds von Weißenburg formgeschichtlicher Stellung, in: ZfdA 96,
1967, S. 165–212; wieder abgedruckt in: WdF, Bd. 444, 1977, S. 287–355.

Zur mittellateinischen Metrik:

Wilhelm *Meyer*: Gesammelte Aufsätze zur mittellateinischen Rythmik
[sic!], 3 Bde, 1905/36, unveränderter Nachdruck 1970.

Dag *Norberg*: Introduction à l'étude de la versification latine médiévale,
1958.

Paul *Klopsch*: Einführung in die mittellateinische Verslehre, 1972.

4. Kapitel

Die frühmittelhochdeutsche Zeit

Die deutschsprachige Literatur, die schon im 10. Jh. wieder zunehmend seltener wurde und nach dem Tode Notkers des Deutschen (1022) für vier Jahrzehnte überhaupt verstummte, setzt im siebten Jahrzehnt des 11. Jh. als frmhd. Literatur (ca. 1060/70–1170) neu ein. In der Versdichtung stehen die »Wiener Genesis« (1060/70), das Ezzolied (»Cantilena de miraculis Christi«, nach 1060), Nokers »Memento mori« (1070/80 oder 1090/95), das Annolied (1080, weniger wahrscheinlich nach 1105 oder sogar erst gegen 1120) und der »Merigarto« (1085) an ihrem Anfang. Unter metrischem Gesichtspunkt ist die frmhd. Zeit die Periode der größten Regellosigkeit und Uneinheitlichkeit innerhalb der gesamten dt. Versgeschichte. Ihre Erforschung birgt noch zahlreiche ungelöste Aufgaben in sich, die Deutung der (bisweilen recht kunstlosen) frmhd. Verskunst ist in besonders hohem Maße kontrovers.

Zu den strittigen Fragen gehört als erste bereits die nach den geschichtlichen Grundlagen des frmhd. Versbaus. Nach Andreas *Heusler* hat der frmhd. Vers eine zweifache Wurzel: »Im mhd. Reimverse lebt der uns bekannte ahd. fort – aber auch ein anderer Vorfahr, der Stabreimvers, vermittelt durch die weltliche Reimdichtung des 10. 11. Jahrh.« (§524). Indes ist das Fortleben des ahd. Reimverses ungewiß, und die weltliche Reimdichtung des 10. und 11. Jh. ist nur eine erschlossene Größe. Als sicher darf es gelten, daß es keine Kontinuität des Otfridschen Verses zum frmhd. hin gibt; eher wäre dessen Verbindung mit den kleineren ahd. Reimdenkmälern möglich. Im ganzen erscheint die frmhd. Verskunst wesentlich als ein Neubeginn gegenüber dem ahd. und zumal also dem Otfridschen Vers (nicht als seine ›Verwilderung‹), der im Zusammenhang mit der gewandelten geistesgeschichtlichen Situation in der zweiten Hälfte des 11. Jh. gegenüber dem 9. und 10. Jh. gesehen und aus der anderen Zielsetzung der neu anhebenden deutschsprachigen Dichtung verstanden werden muß. Für die dt. Versgeschichte gilt auf jeden Fall, was man für die Geschichte der dt. Literatur insgesamt festgestellt hat: »Die Entwicklung der frühmittelalterlichen deutschen Literatur verläuft diskontinuierlich« (Werner Schröder, ZfdA 100, 1971, S. 195).

Strittig ist zweitens die Frage, ob es sich in der frmhd. Dichtung durchweg um (viertaktige) Kurzverse handelt, wie dies z. B. Andreas Heusler annimmt, die sich aus der Verselbständigung der im ahd. Reimvers zur Langzeile verbundenen Halbverse entwickelt hätten, oder ob die frmhd. Dichtung im weiten Umfang, bis tief ins 12. Jh. hinein, aus binnengereimten Langzeilen besteht, eine Auffassung, die in jüngerer Zeit Friedrich *Maurer* konsequent und extrem verfochten hat. Die teilweise mit großer Schärfe geführte Diskussion über diese Frage, in der Werner *Schröder* als Maurers Hauptgegner hervorgetreten ist, hat in den sechziger und frühen siebziger Jahren die Forschung über den frmhd. Vers in beträchtlichem Ausmaß bestimmt. Die Problematik muß deshalb hier skizziert werden.

»Langzeilen, nicht kurze Vierheber sind das Grundmaß der altdeutschen Reimverse« – das ist Maurers Grundthese (WdF, Bd. 444, S. 40). Die deutsche Verskunst entfaltet sich demnach seit Otfrid zwischen zwei Polen: binnengereimte Langzeilen und Langzeilenstrophen als Basis und bis zur Mitte des 12. Jh. zugleich als Dominante in der Entwicklung, fortlaufende Reimpaare erst seit Heinrich von Veldeke in der höfischen Dichtung (und von dort noch für religiöse Dichtungen übernommen; so im »Anegenge«, das nach allgemeiner Ansicht zwischen 1160 und 1170, möglicherweise aber ein Jahrzehnt später entstanden ist). Zwischen den beiden Ausprägungen des altdt. Verses liegt nach Maurer »ein ganz einschneidender Umbruch in der Formkunst« (Vorwort, 1970, S. IX), der »zugleich und vor allem einen Unterschied in der *Vortragsweise* bedeutet« (ebd., S. X), nämlich den zwischen gesangsartigem Vortrag (liedhaft gesungen oder laissenartig, d. h. mit Zeile für Zeile wiederholter gleicher Melodie, oder rezitativ vorgetragen) einerseits und gesprochenem Vortrag andererseits. Diesen Umbruch in der Verskunst sieht Maurer als Teil eines europäischen Vorgangs, wobei er für die fortlaufenden Reimpaare Veldekes und Hartmanns, unbeschadet der Entscheidung über die Gültigkeit seiner Grundthese mit Recht, auf das Vorbild des frz. gepaarten Achtsilbers hinweist, der im 12. Jh. die alte Laissenstrophe[1] abgelöst hat.

Neben frmhd. binnengereimten Langzeilen in unstrophischen Dichtungen und neben gleichzeiligen Strophen aus binnengereimten Langzeilen rechnet Maurer auch mit ungleichzeiligen, also laissenartig gebauten Strophen, und zwar sowohl in Langzeilenform als auch in Form von kurzzeiligen Reimpaaren. Eine wesentliche Stütze für die strophische Gliederung der allermeisten frmhd. Dichtungen entnimmt Maurer der Initialensetzung in den Handschriften. Zu den Dichtungen in gleichzeiligen Langzeilenstrophen gehören nach Maurer u. a. das »Memento mori«, Ezzos »Cantilena de miraculis Christi«, die sog. »Summa Theologiae« und das »Lob Salomons«.

---

[1] ›Laisse‹ ist die aus beliebig vielen, durch Assonanz, später auch Reim, verbundenen Versen meist gleicher Silbenzahl bestehende Strophe des altfranzösischen Heldenepos. Der Umfang wechselt von 3 bis über 50 Versen.

Ungleichzeitige Langzeilenstrophen reklamiert Maurer z. B. für das Annolied, die Dichtungen »Vom Rechte« und »Die Hochzeit«, die Werke der
Frau Ava und des Pfaffen Lamprecht (»Tobias« und »Alexander«), aber
auch für die »Kaiserchronik« und den »König Rother«. Ungleichzeilige
Reimpaarstrophen liegen nach seiner Ansicht etwa vor in der »Erinnerung
an den Tod« und im »Priesterleben« des sog. Heinrich von Melk, in den
Dichtungen des Wilden Mannes und noch im Rolandslied des Pfaffen
Konrad. Friedrich Maurer ist sich bewußt (vgl. Vorwort, 1970, S. XXVII),
daß der Begriff der ungleichzeiligen Strophe problematisch ist, und er hat
selbst die Frage gestellt, »ob man hier den Namen ›Strophe‹ aufgeben soll«.
Nun: Das sollte man in der Tat. »Eine Strophe ist eine höhere metrische
Einheit von formaler Geschlossenheit, die sich in mehrstrophigen Liedern
in gleicher oder ähnlicher Gestalt wiederholt.« Diese klärende Definition
Werner *Schröders* (Beitr. 93 [Tüb.], 1971, S. 115) muß nur insofern erweitert werden, als Strophen nicht nur die Bausteine von mehrstrophigen
Liedern sind, sondern auch von größeren Erzähldichtungen (›Versepen‹).
Bei den ›ungleichzeiligen Strophen‹ handelt es sich doch wohl gerade nicht
um metrisch-formal geprägte Gebilde, sondern um Erzählabschnitte, um
inhaltlich bestimmte Einheiten, die zugleich Vortrags- oder Leseabschnitte
sein können und sein werden. Hinsichtlich der Vortragsart ist damit freilich
nicht notwendigerweise zugleich gegen Maurers Auffassung entschieden.

Auch für die Unterscheidung von Langzeile und Reimpaar hat Werner
Schröder eine eindeutige Definition angeboten: »Ein Reimpaar ist ein
zusammengesetztes Gebilde aus theoretisch gleichen und potentiell selbständigen Kurzversen; eine Langzeile ist ein einheitliches Gebilde aus
prinzipiell ungleichen und unselbständigen An- und Abversen« (Beitr. 93,
1971, S. 113). Damit wäre schon die Otfridsche ›Langzeile‹ eigentlich ein
›Reimpaar‹ (vgl. o., S. 32) und die Form der Aufzeichnung als Langzeile
»rein graphisch oder buchtechnisch zu verstehen« (W. Schröder, WdF, Bd.
444, S. 273). Diese Ansicht ist, gerade nach den neuesten Forschungen,
schwerlich haltbar. Dagegen kann die im letzten Drittel des 11. Jh. neu
einsetzende, nicht aus der ahd. und zumal der Otfridschen Dichtung
kontinuierlich herzuleitende frmhd. religiöse Dichtung durchaus als Reimpaardichtung verstanden werden. Dem frmhd. Vers fehlt weithin jene feste
Struktur, die für die Otfridsche Langzeile charakteristisch ist, und die
wechselnde Zahl von Hebungen, die dem frmhd. Vers eignen dürfte (vgl.
u., S. 56), wird man eher Kurzversen als binnengereimten Langzeilen
zuschreiben. Dennoch besteht kein Grund, Langzeilen im Maurerschen
Sinne aus der frmhd. Versgeschichte zu verbannen. Der offenbar höchst
unterschiedliche Formwille der geistlichen Dichter des 11. und 12. Jh., ihr
höchst unterschiedliches Interesse an der und für die (auch metrische) Form
könnte das Nebeneinander von Dichtungen in Langzeilen und in paarge-
reimten Kurzversen von vornherein verständlich machen. Übrigens rechnet
Maurer selbst wenigstens für die zweite Hälfte des 12. Jh. ausdrücklich
damit, daß verschiedene Stufen der Entwicklung nebeneinander bestanden
haben (Vorwort, 1970, S. XII; s. auch S. XIII: »Der Übergang ist kaum
abrupt, d. h. niemand kann in allen Fällen eindeutig entscheiden«). Doch
bleibt die weite und für die frmhd. Versgeschichte charakteristische, ja

konstitutive Verbreitung von Langzeilen und Langzeilenstrophen eine Annahme, der Friedrich Maurer und diejenigen, die sich ihm im großen und ganzen angeschlossen haben, keinen hohen Grad von Plausibilität zu geben vermochten.

Da man sich darüber einig ist, daß eine zäsurierte Langzeile nicht dasselbe ist wie zwei zu einem Reimpaar verbundene Kurzverse, ging es bei der Diskussion der sechziger und siebziger Jahre im Kern nicht um einen bloßen Streit um Worte, von dem die Sache selbst nicht berührt worden wäre. Das Bild, das wir uns von der Entwicklung des dt. Verses zwischen dem 9. und dem 12. Jh. machen, ist je nach der Entscheidung, zu der man in der skizzierten Kontroverse gelangt, grundverschieden. Dennoch gewinnt man den Eindruck, daß zuletzt manchmal mehr um die Bezeichnung als um das Bezeichnete gestritten wurde, weil die Auffassungen der Protagonisten, zumindest in einem Teil der Fragen, gar nicht so weit voneinander entfernt waren. Einigkeit besteht darüber, daß die frmhd. Reimpaare – gleichgültig, zu welcher Zeit sie hervorgetreten sind – als ›blockartig gefügt‹ charakterisiert werden können. Eben dadurch unterscheiden sie sich von den ›fortlaufenden Reimpaaren‹ der höfischen Dichtung seit Veldeke und Hartmann. Bei den höfischen Reimpaaren ist nicht allein der einzelne Vers gebändigt und ausgewogen gebaut, vielmehr sind sie in ihrer Gesamtheit syntaktisch-stilistisch aufgelockert, sie entfalten sich unter Umständen in weitgespannten, komplexen Satzperioden, und die Technik der Reimbrechung (vgl. u., S. 78) kann in weiträumigen Brechungssystemen verwirklicht sein. Unter diesem Gesichtspunkt reduziert sich der Unterschied zwischen frmhd. binnengereimten Langzeilen und frmhd. Reimpaaren zum guten Teil doch auf eine terminologische Frage, und es ist eher das äußere Kriterium der graphischen Wiedergabe als das relevante der Versstruktur, ob es sich um ›Langzeilen‹ oder um ›Kurzverse‹ handelt. Der versgeschichtlich wesentliche Einschnitt liegt auf jeden Fall nicht zwischen binnengereimten Langzeilen und blockartig gefügten Reimpaaren, sondern zwischen dem frmhd. Vers (den man überwiegend als kurzzeiligen Reimpaarvers auffassen wird) und den ›fortlaufenden Reimpaaren‹ der hochmittelalterlichen Dichtung.

Zur Veranschaulichung sei der Anfang von Ezzos »Cantilena de miraculis Christi« (nach der Straßburger Handschrift) in der von Friedrich Maurer postulierten Langzeilenform und in der von Werner Schröder angenommenen Form kurzer Reimpaare einander gegenübergestellt und als Gegenbeispiel eine Partie aus Gotfrids »Tristan« angeführt. Man erkennt ohne weiteres, daß zwischen den beiden Dichtungen, um noch einmal F. Maurer zu zitieren, »ein ganz einschneidender Umbruch in der Formkunst« erfolgt ist, daß aber die metrische und stilistische Eigenart des Ezzoliedes bei beiden Arten der Wiedergabe gleichermaßen hervortritt.

I Nu wil ih iu herron   heina war reda vor tuon
   von dem angenge   von allem manchunne,
   von dem wistuom alse manicvalt,   ter an dien buochin stet gezalt,
   uzer genesi unde uzer libro regum,   tirre werlte al ze dien eron.

II Lux in tenebris,   daz sament uns ist:
    der uns sin lieht gibit,   neheiner untriwon er nefligit.
    in principio erat verbum,   daz ist waro gotes sun.
    von einimo worte er bechom   dire werlte al ze dien gnadon.

I Nu wil ih iu herron
   heina war reda vor tuon:
   von dem angenge,
   von alem manchunne,
   von dem wistuom alse manicvalt
   (ter an dien buchin stet gezalt)
   uzer genesi unde uzer libro regum,
   tirre werlte al ze dien eron.

II Lux in tenebris,
    daz sament uns ist:
    der uns sin lieht gibit,
    neheiner untriwon er nefligit.
    in principio erat verbum,
    daz ist waro gotes sun;
    von einimo worte er bechom
    dire werlte al ze dien gnadon.

   wie gāhet ir alsus von mir?
   nu weiz ich doch vil wol, daz ir
   von iuwerm lebene ziehet,
   swennę ir Isolde vliehet;
   wan iūwer leben daz bin ich.
   iht mēre muget ir āne mich
   iemer geleben keinen tac,
   dan ich āne̜ iuch geleben mac.
   unser līp und unser leben
   diu sint sō sērę in ein geweben,
   sō gar verstricket under in,
   daz ir mīn leben vüeret hin
   und lāzet mir daz iuwer hie.
   zwei leben diu enwurden nie
   alsus gemischet under ein.   (v. 18495–18509)

Kontrovers ist drittens die Deutung des metrischen Rahmens des frmhd. Verses. Heusler schreibt ihm einheitlich vier Zweiviertel-takte zu: $(\times) \mid \acute{\times} \times \mid \acute{\times} \times \mid \acute{\times} \times \mid \acute{\times} \times$. Nun reicht aber die

Silbenzahl des frmhd. (Kurz-)Verses von 3 bis 18 Silben, und 14 Silben sind durchaus nicht ungewöhnlich (*daz er mit genāden vil lange mūze leven in sīnem rīche* [»Vorauer Alexander« 591], *Moyses der gebōt in daz si an ir vīanden næmen den sigenust* [»Baumgartenberger Johannes Baptista« 29]). Die silbenarmen Verse sind nur in einem Teil der Dichtungen häufig, während die silbenreichen, ›überlangen‹ weit verbreitet sind. Anschaulich hat Heusler von »metrischen Wildlingen« gesprochen (§ 526) – aber sie alle hat er mittels des Viertaktrahmens zu bändigen gesucht, wenngleich er zugibt, »daß gelegentlich einmal ein ›überlanger‹ Vers mitunterläuft, der vierhebige Messung überanstrengt« (§ 523). Es muß jedoch – hierin ist sich die neuere Forschung im wesentlichen einig – als höchst fragwürdig, ja stilwidrig gelten, die so unterschiedlichen und unregelmäßigen Verse des Frmhd. auf dieses einheitliche Maß zurechtzuschneiden, in dem Heusler den eigentlich oder grunddeutschen Vers sieht (»Sieben Jahrhunderte, bis auf Martin Opitz, herrscht in unsrer Sprechdichtung der gereimte, zu Paaren verbundene Viertakter«, § 520), der den Deutschen gleichsam im Blut liege. Mit zwei- und dreitaktigen Versen einerseits, mit fünf- und sechstaktigen Versen andererseits ist zu rechnen. Freilich wird man mit der (notwendigen) Annahme von nichtviertaktigen Versen insofern auch zurückhaltend sein müssen, als sich die Mehrzahl der frmhd. Verse zwanglos als Viertakter rhythmisieren läßt. Neben ihnen stellen sich aber auch, ebenso zwanglos, Verse mit weniger und mit mehr Takten ein, am häufigsten solche mit drei und mit fünf. Heusler dachte bei solchen Versen nur an die Freiheit der Taktfüllung, und sie ist in der Tat stets zu berücksichtigen, so daß die Ansetzung von Fünf- oder Sechstaktern öfters entbehrlich ist – indes keineswegs immer. Wenn Andreas Heusler den frmhd. Vers mit den Stichworten »Vielgestaltigkeit« und »rhythmische Mehrdeutigkeit« charakterisiert, so müssen Vielgestaltigkeit und rhythmische Mehrdeutigkeit nicht nur in bezug auf die Taktfüllung oder die Messung der Kadenz, sondern auch in bezug auf die Taktzahl in Anspruch genommen werden. Es ist sogar damit zu rechnen, daß das Taktprinzip bisweilen nicht durchgeführt ist. Nach Ursula Hennig würde das etwa für die von ihr untersuchte »Wiener Genesis« gelten (vgl. dazu jedoch die kritische Stellungnahme von Werner Schröder, AfdA 81, 1970, S. 31 f.). Noch schwieriger als die ›überlangen‹ Verse sind oft die silbenarmen als Viertakter zu deuten. Heusler längt sie auf das Viertaktmaß durch Ansetzung von Pausen nicht nur am Versende, sondern auch in reichlichem Maße im Versinneren, ja sogar im Verseingang: Pausen beanspruchen in Heuslers metrischen Schemata der frmhd. Dichtung einen übergroßen Raum. Viersilbler sind etwa in der »Wiener Genesis« häufig, z. B. *zīth unde iār* (143: | ´ | x́ x | ´ | ∧ ∧), *nū nim dīn wīb* (1626), *er bat si stēn* (3127), und auch Dreisilbler begegnen in ihr wiederholt, etwa *sā dā bī* (2642), *als ich rief* (3819), *ist daz wār* (4358), *wer wil mich?* (5033), *sō sprechet* (5090), *ub got wil* (3317). Diesen – in der Versgeschichte sehr bekannten – letzten Vers könnte man als Viertakter wie folgt rhythmisieren: | x́ ∧ | x́ ∧ | x́ ∧ | ∧ ∧ |. Andreas Heusler verfährt anders: x | ´ | ∧ ∧ | ´ | ∧ ∧ (vgl. §539). Er setzt also das erste der drei Monosyllaba, die er für den Viertakter zur Verfügung hat, in den Auftakt, dehnt die ebenfalls kurzen Vokale der beiden anderen auf Doppelmoren und nimmt zwischen ihnen Doppelpause an.

Die für den frmhd. Vers besonders charakteristische Füllungs-freiheit erstreckt sich auf alle drei Versgegenden. Dreisilbige Auf-takte, die Otfrid sparsam verwendet, begegnen relativ häufig; nach Heusler steigt der Auftakt in Einzelfällen bis zu 5 und 6 Silben an (§529). Die gleiche Silbenzahl, vielleicht sogar 7, nehmen nach Heusler auch die Innentakte auf (§531). Der Verzicht auf den starren Viertaktrahmen führt hier häufig zu anderer Beurteilung: statt überlanger Auftakte (Eingangssenkungen) und vielsilbiger Senkungsfelder zwischen den Ikten liegt eine höhere Hebungszahl als vier vor, z. B. im »Priesterleben« des sog. Heinrich von Melk:

> dane mág im der chréftigen dínge níht geschéhen   (v. 418),
> wes verbíutet mír mīn léraer dáz er sélber túot?   (v. 568).

Den ersten Vers mit seinen 14 Silben faßt man am besten als Fünftakter mit zweisilbigem Auftakt auf, den zweiten Vers mit seinen 13 Silben als Sechstakter mit ebenfalls zweisilbigem Auftakt.

Im Versausgang sind alle Kadenzmöglichkeiten verwirklicht – anders als bei Otfrid und anders als im hochmittelalterlichen Reimpaarvers, in dem die Zahl der Kadenzformen wiederum begrenzt wird. Zu den von Otfrid verwendeten einsilbig vollen, zweisilbig klingenden und dreisilbig klingenden Kadenzen sind hinzugekommen: die zweisilbig volle, die weiblich volle und die stumpfe (jeweils nach Heuslers Terminologie). Da somit alle mhd. Kadenztypen zusammen auftreten, geben wir hier im Anschluß an Heusler eine Zusammenstellung:

1. die Senkung des letzten Taktes bleibt pausiert:
   a) *einsilbig volle Kadenz* (1v): lange oder kurze Stammsilbe in der letzten Hebung (*tŏt, wás*): | x́ ∧.
   b) *zweisilbig volle Kadenz* (2v): kurze Stammsilbe in der letzten Hebung mit darauffolgender Silbe, d. h. Spaltung der Hebung in der

Kadenz (*bóte, lében*): | ‿ ‿ ∧. Die 1 v- und die 2 v-Kadenz lassen sich unter der Bezeichnung *männlich voll* zusammenfassen.

c) *zweisilbig klingende Kadenz* (2k): lange Stammsilbe in der vorletzten Hebung mit unmittelbar darauffolgender Endsilbe in der letzten Hebung (*sláfèn, síngèn*): | ‿́ | ×́ ∧.

d) *dreisilbig klingende Kadenz* (3k): Trisyllabum meist mit kurzer, manchmal auch mit langer Stammsilbe in der vorletzten Hebung und Endsilbe in der letzten Hebung, dazwischen Senkung (*júgendè, dégenè; gnǽdigèn*): | ×́ × | ×́ ∧.

2. die Senkung des letzten Taktes wird gefüllt: *weiblich volle Kadenz* (wv) (*sǘeze, dánken* – also ebenfalls lange Stammsilbe): | ×́ ×.

3. der ganze letzte Takt bleibt sprachlich ungefüllt (Hebung und Senkung werden pausiert): *stumpfe Kadenz* (s): | ∧́ ∧.

Einige dieser Kadenzen verlangen noch besondere Bemerkungen. Das Sprachmaterial der 2k- und der wv-Kadenz ist gleich (lange Pänultima). Deshalb kann man oft zwischen diesem und jenem Versschluß schwanken. In der hochmittelalterlichen Erzähldichtung mit dem im ganzen feststehenden Viertaktrahmen fällt die Entscheidung nicht schwer; in der frmhd. Dichtung und in der Lyrik mit ihren variablen Taktzahlen muß sie manchmal offenbleiben. Immerhin wird man bei Versen wie *der éngili mínni undi gótes húldi / virlúri wír durch dísi scúldi* (»Summa theologiae« 117 f.) eher mit weiblich voller als mit klingender Kadenz rechnen, da andernfalls die letzte Silbe eine Nebenhebung und somit der Vers insgesamt fünf Ikten bekäme, wozu hier keine Notwendigkeit vorliegt. Bindung von zweisilbig klingender mit weiblich voller Kadenz ist im Frmhd. möglich. – Die stumpfe Kadenz ist als selbständiger Typ nur anzusetzen, wenn man von einer festliegenden Taktzahl (bei Heusler ist es wesentlich der Viertakter) ausgeht und die Angaben auf sie bezieht. Berücksichtigt man nur die sprachlich realisierten Takte, entfällt die Berechtigung, den stumpfen Versausgang als eigene Kadenz zu werten: statt 4 s wäre der Vers dann als 3 v (entweder einsilbig oder zweisilbig voll) zu charakterisieren. Da aber wiederholt zu beobachten ist, daß dreihebige Verse in unmittelbarer Nachbarschaft von eindeutig vierhebigen stehen (z. B. in Walthers Kreuzlied 76, 22 ff.: alle Verse viertaktig, die Verse 4, 8, 12, 16, 20 jeder Strophe mit nur drei sprachlich gefüllten Takten und Schlußpause, die als Takt zu werten ist – also 4 s), ist es zu rechtfertigen, eine eigene stumpfe Kadenz im Sinne Heuslers anzusetzen. – Auch gegen andere Kadenzen in Heuslers System sind Einwände erhoben worden. Berechtigt ist der Einwand Ulrich *Pretzels* (Sp. 2420 f.), daß die dreisilbig klingende Kadenz in ihrer Artung der zweisilbig klingenden nicht gleichwertig ist. Das Wesen der (eigentlichen, d. h. eben zweisilbig) klingenden Kadenz besteht ja in der beschwerten Hebung im Versausgang, und die Aufeinanderfolge der langen Pänultima in der letzten Haupthebung und der Ultima in der Nebenhebung gibt diesem Versausgang den ihm eigentümlichen Klang. Die dreisilbig klingende Kadenz hat demgegenüber deutlich einen anderen Charakter, fehlt doch die beschwerte Hebung, und die Namensgleichheit ist in der Tat wenig glücklich. Andererseits ist es nicht empfehlenswert, die 3k-Kadenz den, mit

Heusler zu sprechen, männlich vollen zuzurechnen, wie Pretzel dies tut. Zum Beispiel zeigt sich am Nibelungenlied, daß 2k- und 3k-Kadenzen einander in ihrer Leistung im Strophenaufbau durchaus entsprechen können. Es erscheint darum zweckmäßig, die ›dreisilbig klingende‹ Kadenz als eigenen Typ beizubehalten, sie aber terminologisch von der (zweisilbig) klingenden zu sondern. Analog zu der Bezeichnung ›gleitender Reim‹ für den dreisilbigen Reim empfiehlt sich die Bezeichnung ›gleitende Kadenz‹ (vgl. schon Heusler, §584, §587). Man mag diesen Terminus auch Ausgängen wie *gnædigen* vorbehalten, Ausgängen wie *edele* aber die Bezeichnung ›springende Kadenz‹ beilegen.

Eine weitgehende Reduzierung der Kadenzformen hat in neuerer Zeit Karl-Heinz *Schirmer* versucht (s. die Literaturangaben auf S. 114f.). Er unterscheidet zwei Arten von weiblichen Kadenzen, die schwerklingende: | $\angle$ | $\times$ $\wedge$, also Heuslers zweisilbig klingende, und die leichtklingende: | $\times$ $\times$, also Heuslers weiblich volle. Alle anderen Ausgänge (1 v, 2 v, 3 k, s) nennt er männlich oder stumpf (wobei ›stumpf‹, wie in der vorheuslerschen Terminologie, eine weitere Geltung hat als bei Heusler). Man sollte jedoch der Vielfalt der geschichtlichen Wirklichkeit eher mit einem möglichst differenzierten als mit einem möglichst einfachen Kadenzensystem gerecht zu werden suchen und sich der terminologischen Möglichkeiten zu feiner Unterscheidung nicht begeben, auch wenn hier manchmal eine eindeutige Festlegung nicht möglich ist. Aber die nämliche Schwierigkeit bleibt auch, notwendigerweise, bei Verwendung von Schirmers Termini bestehen (schwerklingende und leichtklingende Kadenzen).

Im Reim verfahren die frmhd. Dichter teilweise, besonders anfangs, sorgloser als Otfrid. So genügt für die Assonanz zunächst die bloße Übereinstimmung der Vokale der Hauptsilbe, während die etwa noch folgender Nebensilben nicht übereinstimmen mußten und auch die konsonantische ›Dissonanz‹ besonders stark sein konnte, die Bindung also keine verwandten Konsonanten aufzuweisen brauchte. Auch rhythmisch verschiedene Typen werden gebunden, so in der »Wiener Genesis« (z. B. *intrán* : *láchen* [3801 f.], *iǎr* : *hárewer* [4862 f.; hier also auch noch quantitative Unreinheit der ›konsonierenden‹ Vokale]); Beispiele für ›primitive Reime‹ aus dieser Dichtung: *getān* : *rǔffen* (1266 f.), *sīn* : *lōnen* (1650/51), *man* : *geskeiden* (4128 f.); Zusammenstellung aller Reime der »Wiener Genesis« bei Ulrich Pretzel, Frühgeschichte des deutschen Reims, S. 176–196. Von besonderer Bedeutung für die Beurteilung frmhd. Reime ist das Verhältnis von Reimtechnik und Dialekt, da Abweichungen im Gleichklang durch den Dialekt gemildert oder gar aufgehoben sein können, wobei sich dieses Problem noch dadurch komplizieren kann, daß die Sprachform des Dichters u. U. durch die eines Bearbeiters oder Schreibers verändert ist. Herausgeber wie Metriker stehen hier oft vor schwierigen

Entscheidungen. Wenn in der Dichtung »Vom Rechte« (deren Sprache im Kern wohl österreichisch ist, die aber auch alemannische Spuren aufweist) v. 20/21 die Bindung *getān : haben* erscheint, so liegt die Besserung *getān : hān* nahe; im vorausgehenden Reimpaar (v. 19/20) ist *treuwe* auf *bouwen* gebunden – sowohl die Formen *trouwe : bouwen* wie *trūwe : būwen* ergäben aber, abgesehen von dem überschüssigen -n, einen reinen Reim, den die handschriftliche Überlieferung indes nicht bietet. Unzulässig ist es auf jeden Fall, metrische Schlußfolgerungen auf Texte zu gründen, die – womöglich einem metrischen System zuliebe – vorher normalisiert worden sind. Eine Entwicklung hin zum Vollreim und zum reinen Reim, das Zurücktreten und schließlich einmal das Ausscheiden bloßer Assonanzen, Endsilbenreime und vollends der primitiven Reime ist innerhalb der frmhd. Literatur unverkennbar. Doch vollzieht sich diese Entwicklung nicht geradlinig, sondern ist landschaftlich und nach der Individualität der Dichter durchaus verschieden. So weist das Rolandslied des Pfaffen Konrad, an dessen Datierung um 1170 schwerlich mehr gezweifelt werden kann (allenfalls käme als Alternative die Datierung um 1147/48 oder in den fünfziger Jahren des 12. Jh. in Betracht), in sehr großer Zahl noch ›unreine‹ Reime auf, Assonanzen wie *lāgen : iāmer* (319/320), *pogen : chomen* (6444/6445), Endsilbenreime wie *lērte : bewārte* (5161/5162) oder auch *geuilde : perge* (5185/5186). In begrenztem Umfang kommt es im Rolandslied sogar noch vor, daß die Reimklänge in rhythmisch unterschiedlichen Kadenzen stehen:

daz ist Karl der cheiser.   4 k
uor gote ist er (v. 11/12).   3 v (= 4 s)

Ca. je ein dutzendmal begegnet die Bindung der einsilbig vollen mit der zweisilbig vollen Kadenz (*ságen : mán* [8905/8906]) und der zweisilbig klingenden mit der dreisilbig klingenden (*scállè : zesámenè* [4919/4920]). Für Datierungsfragen ist die relative Reinheit der Reime darum nur bedingt heranzuziehen. »Im allgemeinen läßt sich ungefähr sagen: ein Gedicht, das man lediglich nach Reimkriterien auf 1140 schätzen möchte, kann ebensogut 1120 und 1160 entstanden sein« (Karl Wesle, S. 21).

Nicht allein im Reim, sondern auch im Rhythmus gibt es innerhalb der frmhd. Verskunst eine Bewegung und Entwicklung hin auf Glättung, Mäßigung und Bändigung – aber wiederum keine geradlinige. Drittens wandelt sich auch das Vers-Satz-Verhältnis, indem kompliziertere Brechungsverhältnisse hervortreten, das heißt: die durch den Reim verbundenen Verse werden syntaktisch getrennt, die syntaktisch verbundenen Verse gehören verschiedenen Reimpaaren an (s. u., S. 78). Je weiter und stärker sich Reimbrechung einstellt, um so eher wird man übrigens mit selbständigen Kurzversen statt mit Halbversen von Langzeilen zu rechnen haben. Größere Brechungssysteme sind ein Indiz für Reimpaare, was auch Friedrich Maurer betont. Aber auch hier gibt es ein Nebeneinander verschiedener Stufen zur gleichen Zeit. Die frmhd. Epoche schließt also zwischen der »Wiener Genesis« und einer Dichtung wie dem »Grafen Rudolf« hundert Jahre später mehrere versgeschichtliche Etappen – auch solche des künstlerischen Ranges – in sich, denen man in der gegenwärtigen Phase der Forschung nur durch eingehende Einzeluntersuchungen gerecht werden kann, wie sie in den letzten Jahren verschiedentlich vorgelegt worden sind, so von Werner Schröder, Ursula Hennig und Bruno Köneke.

In der Gesamtwertung der Leistung und des Ranges dieser Verse darf man nicht Otfrid einerseits und die hochmittelalterliche Verskunst andererseits als Maßstab setzen, sondern muß das metrische Eigenrecht der frmhd. Dichtung anerkennen. Darin hat Andreas Heusler zweifellos recht. Dagegen ist der *Vergleich* mit der ahd. und der hochmittelalterlichen Verskunst durchaus legitim; nur darf man diesen Vergleich nicht mit einer Bevorzugung des »deutscheren«, »germanischeren« Versbaus der »metrischen Wildlinge« um 1100 gegenüber dem geformten und gebändigten Otfrids und der staufischen Dichter belasten, wie Heusler dies tut (§550; vgl. ebd. seine Bemerkung über die »halbe Verrömerung Karlingischer Zeit«, d. h. der Otfridschen Verse, und die sichtliche Genugtuung, mit der er an der gleichen Stelle davon spricht, daß die rhythmischen Figuren des frmhd. Verses dem lateinisch-romanischen Versstil beträchtlich ferner stehen als Otfrid; §552 kommt es gar zu der Behauptung, gegenüber dem Bewegungsreichtum und der Ausdrucksgewalt mancher frmhd. Verse wirke Otfrid und seine Gruppe – die »volksfremde Schule« des nächsten Absatzes – »als einschläfernde Leier«). Um Gerechtigkeit bemüht ist Heusler in seinem abschließenden Urteil über den frmhd. Vers: »Es ist ein Vers von wenig Pflege, von schwacher Formschulung; aber er steht zu seiner Sprache in gesundem [!] Verhältnis und erlaubt fühlenden Dichtern zu guter Stunde das, was nach germanischem Stile immer die Hauptsache war: die Schallform des Gedankens, den angeborenen Zeitfall der Sätze unverbogen, in kräftiger Steigerung herauszubringen« (§552). Reichlich fünf Jahrzehnte später wird man, bevor wieder eine zusammenfassende Charakterisierung und Würdigung der frmhd. Metrik, die über Allgemeinstes hinausgeht, möglich scheint, eher die Charakterisierung und Würdigung der einzelnen Dichtungen wünschen, die für die meisten noch aussteht.

Engelbert *Hertel*: Die Verse von mehr als vier Hebungen in der frühmittelhochdeutschen Dichtung, Diss. Marburg 1908.

Karl *Wesle*: Frühmittelhochdeutsche Reimstudien, 1925 (= Jenaer Germanistische Forschungen. 9). [Dazu Ulrich *Pretzel*, AfdA 47, 1928,
S. 39–45.]

Helmut *de Boor*: Frühmittelhochdeutsche Studien. Zwei Untersuchungen,
1926.

Ders.: Über Brechung im Frühmittelhochdeutschen, in: Germanica.
Eduard Sievers zum 75. Geburtstag, 1925, S. 478–503; wieder abgedruckt
in: H. d. B., Kleine Schriften, Bd. 2, 1966, S. 246–266.

Albert *Bayer*: Der Reim von Stammsilbe auf Endsilbe im Frühmittelhochdeutschen und seine Bedeutung für die sprachliche und literarische
Chronologie, 1934 (= Diss. Tübingen 1932).

Friedrich *Maurer*: Die Formen der religiösen Dichtungen des 11. und 12.
Jahrhunderts = Einleitung zu: Die religiösen Dichtungen des 11. und 12.
Jahrhunderts. Nach ihren Formen besprochen und herausgegeben von F.
M., Bd. I, 1964, S. 1–60.

Ders.: Vorwort zu: Die religiösen Dichtungen des 11. und 12. Jahrhunderts. Nach ihren Formen besprochen und herausgegeben von F. M.,
Bd. III, 1970, S. VII–XXXI.

Ders.: Zur geschichtlichen Entfaltung altdeutscher Vers- und Strophenfor-
men. Epilegomena zur Diskussion über binnengereimte Langzeilen und
Reimpaare, in: Über Literatur und Geschichte. Festschrift für Gerhard
Storz, 1973, S. 71–86.

Werner *Schröder*: Zu Friedrich Maurers Neuedition der deutschen religiösen Dichtungen des 11. und 12. Jahrhunderts, in: Beitr. 88 (Tüb.), 1967,
S. 249–284.

Ders.: Versuch zu metrischer Beschreibung eines frühmittelhochdeutschen
Gedichts mit einer forschungsgeschichtlichen Vorbemerkung, in: ZfdA
94, 1965, S. 196–213 und S. 244–267.

Ders.: Noch einmal zu Friedrich Maurers Neuedition der deutschen religiösen Dichtungen des 11. und 12. Jahrhunderts, in: Beitr. 93 (Tüb.),
1971, S. 109–138.

Ders.: Zur Form des ›Lob Salomons‹ genannten frühmittelhochdeutschen
Gedichts, 1971 (= Abhandlungen der Marburger Gelehrten Gesellschaft,
Jg. 1971, Nr. 2).

Ursula *Hennig*: Untersuchungen zur frühmittelhochdeutschen Metrik am
Beispiel der ›Wiener Genesis‹, 1968 (= Hermaea. N. F., Bd. 24). [Dazu
Werner *Schröder*, AfdA 81, 1970, S. 11–36, und Ingeborg *Glier*, Beitr. 94
(Tüb.), 1972, S. 296–301.]

Siegfried *Gutenbrunner*: Der Weg von der Stabreimlangzeile zum
Endreimkurzvers, in: Festgabe für Friedrich Maurer zum 70. Geburts-
tag, 1968, S. 85–118; wieder abgedruckt in: WdF, Bd. 444, 1977,
S. 356–391.

Cola *Minis*: Zum Problem der frühmittelhochdeutschen Langzeilen, in:

ZfdPh 87, 1968, S. 321–343; wieder abgedruckt in: WdF, Bd. 444, 1977, S. 392–421.

Bruno *Köneke*: Untersuchungen zum frühmittelhochdeutschen Versbau (›Erinnerung an den Tod‹, ›Priesterleben‹, Rolandslied, ›Straßburger Alexander‹), 1976 (= Studien und Quellen zur Versgeschichte. 6).

s. auch die bereits als Literatur zu Kap. 3 genannten Arbeiten Ulrich *Pretzels*, Friedrich *Maurers* und Werner *Schröders*.

Weitere Untersuchungen: Aufriß, Bd. III, ^{2}1962, Sp. 2530.

5. Kapitel

Der mittelhochdeutsche Reimpaarvers

Die Epoche der dt. Verskunst, die uns im folgenden beschäftigen wird, kennt erstmals den Begriff *rīm* als metrischen Terminus, und es ist zweckmäßig, an dieser Stelle auf die Bedeutung des Wortes einzugehen, zumal Begriffe wie ›Reimbindung‹ und ›Reimbrechung‹ unmittelbar nach mhd. Vorbild geprägt sind. Freilich ist strittig, welche Bedeutung dem Wort *rīm* eignet. Während Wilhelm *Braune* ihm ausschließlich die Bedeutung ›Vers‹ zugesprochen hat und den Übergang zur Bedeutung ›Reim‹ (= Homoioteleuton) erst ins 17. Jh. verlegt, rechnen Ludwig *Wolff* und Nils *Törnquist* von vornherein mit diesen beiden Bedeutungen, wobei Törnquist – zu Unrecht – ›Vers‹ sogar für eine nur okkasionelle und unwesentliche Nebenbedeutung hält. Nicht endgültig geklärt ist auch die Etymologie von *rīm* und insbesondere sein Verhältnis zum ahd. *rīm* ›Zahl, Reihe, Reihenfolge‹, das im 10. Jh. zum letztenmal belegt ist. Dagegen steht fest, daß das Wort in metrischer Bedeutung im letzten Drittel des 12. Jh. aus dem Frz. (*rime* [Fem.!]) – wohin das germ. Substantiv wahrscheinlich in seiner Bedeutung ›Reihe‹ entlehnt worden war – ins Dt. übernommen wurde. Den ersten Beleg bietet Heinrich von Veldeke in seinem »Servatius« (ca. 1170), und zwar klärlich in der Bedeutung ›Verszeile‹. Es folgen Albers »Tundalus« (etwa 1180) und die poetische Vorrede zum »Lucidarius« (ca. 1190). Alsbald verwenden u. a. auch Wolfram von Eschenbach (Parz. 337, 25) und Gotfrid von Straßburg (Tr. 4715 f.) das Wort. Diesen frühen Belegen ist eigentümlich, daß sie sowohl die Übersetzung ›Vers‹ als auch die Übersetzung ›Reim‹ erlauben. Wahrscheinlich waren für den mittelalterlichen Dichter die beiden Begriffe nicht so scharf geschieden und unterschieden wie für uns, zumal der Reim für ihn integrierend zum Vers hinzugehörte und er bei dem Worte *rīm* sehr wohl an beides, an die Verszeile und ihren Endreim, denken konnte. Auf jeden Fall hat mhd. *rīm* (auch) Vers bedeutet, der Plural *rīme* dualisch das Verspaar, pluralisch ›Verse‹ oder ›Dichtung‹. Diese mhd. Bedeutung hat sich bis heute erhalten in Zusammensetzungen wie ›Abzählreim, Kinderreim, Kehrreim‹ (letzteres eine Prägung Gottfried August Bürgers für frz. ›Refrain‹), und auch bei dem Begriff ›Reimpaar‹ ist ja an ein Verspaar, nicht nur an die Endreime in ihm zu denken. Im Gegensatz zu der Ansicht Wilhelm Braunes, daß die Bedeutung ›Reim‹ dem mhd. Wort *rīm* überhaupt fremd gewesen sei und erst von Martin Opitz unter frz. Einfluß (Pierre de Ronsard) auf das durch das Vordringen von ›Vers‹ gleichsam frei gewordene metrische Fachwort ›Reim‹ übertragen worden sei, kann jedoch kaum bezweifelt werden, daß sich seit der Mitte des 13. Jh. Belege für die Verwendung von *rīm* im Sinne von Homoioteleuton finden (bei Ulrich von Lichtenstein, Konrad von Würzburg, etwas später bei Heinrich von Hesler). Im späten Mittelalter und in der frühen Neuzeit ist aber die Bedeutung ›Vers‹ noch durchaus geläufig, vermutlich sogar dominierend.

Ahd. und mhd. *vers, fers* (< lat. *versus*) bezeichnet zunächst ausschließlich den lat. Vers, erst am Ausgang des Mittelalters, insbesondere im Zeitalter des Humanismus dann auch den dt. Vers, wofür bis dahin *rīm* gebräuchlich war. *vers* hat aber (schon im Ahd.; vgl. O I, 12, 26) noch eine zweite Bedeutung: es bezieht sich auf einen biblischen Satz aus den poetischen Büchern des Alten Testamentes, besonders dem Psalter. Nachdem im 16. Jh. die Durchzählung der einzelnen Sätze in den Kapiteln der Bibel definitiv geworden war (durch Robertus Stephanus), wurde die Bezeichnung ›Vers‹ für den Bibelsatz auch auf die nichtpoetischen Teile ausgedehnt. Wahrscheinlich auf diese zweite Bedeutung von ›Vers‹ geht es zurück, wenn im kirchlichen Sprachgebrauch die Liedstrophen ebenfalls, an sich nicht korrekt, Verse genannt werden: vom Psalmvers wurde die Bezeichnung auf die Strophen des Psalmliedes und dann auch auf andere Kirchenliedstrophen übertragen.

Im mhd. Versbau zeigt sich im Laufe des 12. Jh. zunehmend eine Glättung des Rhythmus und ein stärkeres Streben nach Reinheit des Reims – freilich, wie schon betont worden ist, keineswegs in Form einer geradlinigen Entwicklung. Die Verwirklichung dieser Prinzipien ist nun aber auch und besonders die Folge der Einwirkung der frz. Dichtung mit ihren Achtsilbler- bzw., bei weiblichem Versausgang, Neunsilblerpaaren auf die dt. Sowenig wie in den stofflichen Grundlagen, sowenig ist auch in ihrer formalen Höhe die staufische Dichtung ohne das frz. Vorbild denkbar. Heinrich von Veldeke steht am Anfang der neuen Formkunst, die gerade auch im metrischen Bereich wirklich Form*kunst* ist. Den Dichtern des 13. Jh. war diese Bedeutung Veldekes sehr wohl bewußt. Gotfrid von Straßburg würdigt ihn in seinem »Tristan«: *er inpfete daz ērste rīs / in tiutscher zungen* (v. 4738f.) und Rudolf von Ems in seinem »Alexander«: *von Veldeke der wīse man / der rehter rīme alrērst began* (v. 3113f.), was ebensowohl auf den Bau der Verse wie auf die Reinheit des Reims zielt, die er in seiner »Eneide« schon in weitem Umfang durchgeführt hat und die dann mit geringen Ausnahmen für mehr als ein Jahrhundert eine Selbstverständlichkeit ist. Die einzelnen Dichter schenken der Reimreinheit allerdings unterschiedliche Aufmerksamkeit. So achtet von den beiden großen Antipoden der höfischen Dichtung Gotfrid konsequent auf die Reinheit des Reimes, während Wolfram, der primär nicht an der schönen Form interessiert ist, sorgloser verfähit und namentlich quantitativ differierende Vokale (also etwa a : ā) miteinander reimt (vgl. z. B. *op mir decheiniu guotes gan, / sīt ich diz mǣr volsprochen hān* [Parz. 827, 27f.]). Doch auch konsonantische ›Dissonanzen‹ kommen bei Wolfram vor (vgl.: *die süeze mīner ougen: / wil er mich fürbaz rouben* [Parz. 10,25f.]; vom Standpunkt der hochmittelalterlichen Verskunst aus ist diese Bindung als

konsonantisch unreiner Endreim, nicht als Assonanz zu charakterisieren). Insgesamt gilt für den Endreim jetzt die Bedingung, daß
er wirklich die Übereinstimmung des Versausgangs vom letzten
vollbetonten Vokal an erfordert. Die allgemeine Reinheit des Reimes wird früher erreicht als die Beschneidung des Verses auf eine
mittlere Silbenzahl und die mit ihr eng verbundene Einebnung der
rhythmischen Bewegung, die in der Alternation kulminiert. Von
den hochhöfischen Dichtern fügt Wolfram sich ihr am wenigsten,
der Rhythmus seiner Verse bleibt am individuellsten, im Sinne der
Bändigung und Glättung ungeformtesten. Am weitesten durchgeführt hat den alternierenden Rhythmus von den späthöfischen
Dichtern wohl Konrad von Würzburg († 1287), der sich gleichwohl gewisse Freiheiten der Versfüllung bewahrt hat und dessen
Vers kein reines jambisches Auf und Ab ist, so nahe er ihm vielfach
kommt.

Das metrische Schema des höfischen Reimpaarverses ist unbe-
stritten der Viertakter: (×) | x́ × | x́ × | x́ × | x́ ∧. Anfangs,
besonders im (allerdings schlecht überlieferten) »Erec« Hartmanns
von Aue kommen Verse vor, die nicht mehr als drei Takte bzw.
Hebungen aufweisen (z. B.: *mit zórnigen síten* [4061], *únz an dísen
tác* [8554]). Die Silbensumme bewegt sich zwischen 4 und wohl 13
Silben, die freilich viele Dichter nicht erreichen. Von den drei
großen »hochhöfischen« Erzähldichtern bevorzugen Hartmann
und, aufs Ganze gesehen, auch Gotfrid den schlanken, silbenarmen
Vers, während Wolfram umgekehrt zu längeren Auftakten und
mehrsilbigen Taktfüllungen und somit zu silbenreichen Versen
neigt. Silbenarme wie silbenreiche Verse werden zunehmend seltener – Konrads von Würzburg Verse umspannen gewöhnlich noch
zwischen 6 und 9 Silben.

Die bewahrt gebliebene Füllungsfreiheit erstreckt sich zunächst
auf den Verseingang. Auftakt kann stehen oder fehlen; er ist, wenn
er vorliegt, ein- bis dreisilbig – wobei dreisilbiger Auftakt nicht
allzu häufig vorkommt –, doch geht die Zahl der auftaktlosen Verse
im 13. Jh. zurück, und auch die zweisilbigen (und vollends dreisilbigen) Auftakte werden selten. Die Entwicklung hin zum einsilbigen Auftakt auf Kosten der auftaktlosen Verse wie des zweisilbigen
Auftakts läßt sich nicht nur allgemein beobachten, sondern auch im
Vergleich der späteren Werke Konrads von Würzburg, der auch
hier einen vorläufigen Höhepunkt bedeutet, mit seinen frühen.

Es ist durchaus nicht immer so, daß nur Formwörter, Präfixe usw. im
Auftakt stehen – dies ist freilich am häufigsten –, vielmehr kann er auch
sinnbeschwerte Wörter aufnehmen. Gelegentlich kann man über die Ikten-

setzung im Verseingang auch im Zweifel sein. Wolframs in diesem Zusammenhang etwa auch von Andreas Heusler (§ 561) herangezogener Vers *wîpheit, dîn ordenlîcher site* (Parz. 116, 13) könnte nur dann auftaktlos und mit dreisilbigem erstem Takt gelesen werden, wenn man sich darüber hinwegsetzen dürfte, daß die drei ersten Silben Längen enthalten, die nach hochmittelalterlichem Brauch der Messung | × ᴗ ᴗ | widerstreiten. Man muß sich jedoch auch nicht mit der Ansicht anfreunden, Wolfram habe die versetzte Betonung *wîphéit* beabsichtigt (so Heusler) – am wahrscheinlichsten ist schwebende Betonung: *wîphêit*, das heißt, beide Silben erhalten einen leichten metrischen Akzent, die erste einen leichteren, als sie ihn in der üblichen Betonung trüge, die zweite einen leichteren, als ihn das metrische Schema forderte. Einen breiten Raum beansprucht die schwebende Betonung im »Tristan«, vor allem bei dem Worte *minne* (vgl. hierzu Ulrich Pretzel, Sp. 2431).

Besonders bedeutsam ist die Frage der Betonungsregelung im Verseingang in Gotfrids »Tristan«. Sie hat schon Andreas Heusler beschäftigt und ist dann von Friedrich *Ranke* eingehend erörtert worden. Es handelt sich zunächst um Verse wie *tiur unde wert ist mir der man* (17), *lîp unde guot und swaz ich hân* (507). Sie sind nach Ranke nicht auftaktlos und mit dreisilbigem erstem Takt zu lesen: *tiur unde wért ist mír der mán, lîp unde gúot und swáz ich hân*, sondern auftaktig und mit (Neben-)Hebung auf der Konjunktion: *tiur ùnde wért . . ., lîp ùnde gúot . . .* Das scheint in der Tat möglich, bedeutet doch die Rhythmisierung von Gotfrids Vers eine bewußte Stilisierung des Prosarhythmus, nicht dessen Kopie. Wenn Ranke aber auch für Fälle wie *hœret verlust unde gewin* (367), *hèrre, wie hân ich iuch gesehen* (1456), *nâmen daz cleine weiselîn* (1824) eine analoge Rhythmisierung vertritt (also: *hœrèt verlúst ùnde gewín* statt: *hœret verlúst . . ., hèrrè, wie hân ich íuch gesèhen, nâmèn daz clèine wèiselîn*) – und das heißt: mit echten Tonbeugungen rechnet –, wird man mit der Zustimmung zögern. In den späteren Werken eines Dichters wie Konrad von Würzburg werden solche Lesungen freilich möglich.

Freiheit der Versfüllung zeigt weiterhin das Versinnere, wo die Takte eine bis vier, meistens allerdings nur noch bis drei Silben umspannen können. Anders als in der frmhd. Zeit wird dabei die Quantität der Vokale sorgfältig beachtet. Kurze Vokale entsprechen in unserer Notation den Zeitwerten von ¼ oder ⅛, lange Vokale von ¼ oder ½. Das Aufeinanderfolgen zweier Hebungen ohne dazwischenliegende Senkung ist unter dem Begriff des *Hebungspralls* oder der *Synkope der Senkung* oder auch der *Kontraktion von Hebungs- und Senkungsmore* zu fassen. Sie setzt im allgemeinen die Länge bzw. Dehnbarkeit der ersten Silbe voraus, die den ganzen Takt füllt (einsilbiger Takt). Nicht jeder einsilbige Takt, nicht jede Synkopierung der Senkung ist eine *beschwerte Hebung* – man tut gut daran, den Begriff ›beschwerte Hebung‹ einzugrenzen auf die Fälle, in denen der einsilbige Takt die Funktion erfüllt, sinnträchtige, bedeutungsintensive Wörter rhythmisch hervorzuheben: inhaltlich, gehaltlich wichtige Begriffe oder auch Eigennamen (vgl. auch Andreas Heusler, §575), wo die metrische Erscheinung des Hebungspralls also stilistisch genutzt wird, z. B.:

> der ist zer héllè geborn (aH. 733),
> ir sīt zer héllè geselt (Reinbot, Hl. Georg 6072),
> ez wart durch tríuwè getān (Tr. 2030),
> als ez diu Mínnè gebōt (Tr. 3333),
> niht verzwívèlt an gote (Gr. 2698),
> eine sélè gegeben (Hartmann, Klage, 1035) [beim Vortrag mit
> Auftakt ein dreihebiger Vers!]
> der was Hártmàn genant (aH. 4),
> ze Swábèn gesezzen (aH. 31).

Wolfram von Eschenbach liebt es, Eigennamen noch über das sonst begegnende Maß hinaus hervorzuheben, indem er sie mit drei oder gar vier metrischen Akzenten versieht; vgl. *si híez Jéschûtè* (Parz. 130, 2), *si híez Cúndrîè* (Parz. 312, 26) und noch mehrfach bei der Einführung von Gestalten (so z. B. auch: *díß ìst Trìstànt* [»Tristan als Mönch«, v. 518]). Am berühmtesten ist Wolframs Rhythmisierung des Namens Condwīrāmūrs, der einige Male einen ganzen Vers füllt, also vier Ikten ohne dazwischenliegende Senkung hintereinander: | ⌣ | ⌣ | ⌣ | ⌣ (Parz. 187, 21; 283, 7; 333, 23; 732, 13). Im Laufe des 13. Jh. wird die Erscheinung der beschwerten Hebung seltener – bei Konrad von Würzburg tritt sie nur noch verhältnismäßig wenig auf–, und es schwindet auch das Wissen um ihre gehaltliche Funktion, indem zunehmend Wörter der rhythmischen Auszeichnung gewürdigt werden, die zwar die Bedingung der Dehnbarkeit der Hauptsilbe erfüllen, deren inhaltliches Gewicht aber die beschwerte Hebung nicht erfordert; oder, wie man auch formulieren kann: die Synkope der Senkung führt weniger häufig zur beschwerten Hebung im engeren Sinne. Es gibt auch Fälle, in denen das Senkungsviertel sprachlich nicht realisiert ist, das Hebungsviertel jedoch nicht auf den Zeitwert einer Doppelmore gedehnt wird, vielmehr eine Pause eintritt, z. B.:

> swes er si bat oder hiez (Die Heidin 47),
> × | × × | × ⋀ | × × | × ⋀
> ez sī slac oder stich (Reinbot, Hl. Georg 2348)
> × × | × ⋀ | × × | × ⋀

Wie die Beispiele zeigen, ist die Synkope der Senkung mit Pausierung des Senkungsviertels besonders bei disjunktiven Formulierungen anzutreffen, indes keineswegs auf sie beschränkt.

Aufgrund einer sorgfältigen Sichtung des Materials bei Otfrid und Hartmann ist Kurt *Schacks* neuerdings zu dem Ergebnis gelangt, daß bei diesen Dichtern des öfteren auch Wörter mit kurzem Vokal in der beschwerten Hebung stehen, ohne daß nach ihnen eine Pause eintritt. Die Bedingung der Länge, genauer: der Dehnbarkeit des Vokals bei beschwerter Hebung ist aber trotz der Untersuchung von Schacks nicht aufzugeben. Es handelt sich um Wörter wie *haz, man, got*, d. h. auf Konsonant endende, also geschlossene, Monosyllaba, die nach Heusler metrisch als Längen erscheinen können. Nun sind, wie schon betont (vgl. o., S. 5), kurze Vokale mit folgendem Verschlußlaut phonetisch nicht dehnungsfähig (und nur sie nicht). Da aber kurze offene Tonsilben (*wĕsen, săgen* usw.) keine einsilbigen Takte bilden (es sei denn, man rechne mit der Verkürzung der Wortformen: *wĕsn, săgn*, wie Karl Lachmann das in weitem Umfang tat), ist an dem Unterschied zwischen dem Typus *got* und dem Typus *wĕsen* trotz der phonetischen Kürze des Vokals in beiden festzuhalten.

Neben den einsilbigen Takten stehen dreisilbige, indem entweder das Hebungsviertel oder das Senkungsviertel von zwei Achteln eingenommen wird: *Spaltung der Hebung* (| ∪́ ∪ × |) oder *Spaltung der Senkung* (| × ́ ∪ ∪ |). Letztere tritt ein, wenn die Hebungssilbe einen langen Vokal enthält. Gelegentlich können sich auch Spaltung der Hebung und Spaltung der Senkung verbinden, so daß ein viersilbiger Takt vorliegt. Außer dem zunehmend angestrebten alternierenden Rhythmus ist es die Dehnung der Vokale in offener Tonsilbe, die der Spaltung der Hebung später entgegenwirkt.

Beispiel für Spaltung der Hebung:
    ich wil iu sagen des einen zorn   (Parz. 264,1)
    × | × ́ × | ∪́ ∪ × | × ́ × | × ́ ∧

Beispiel für Spaltung der Senkung:
    dō im diu āventiure geschach   (Parz. 553, 13)
    × | × ́ × | × ́ × | × ́ ∪ ∪ | × ́ ∧

Nicht immer ist es eindeutig, ob dreisilbige Takte durch Spaltung der Hebung oder Spaltung der Senkung entstehen. Klar ist dies nur, wenn entweder die Hebungs- oder die Senkungssilbe lang ist und somit nicht den Zeitwert eines Achtels einnehmen kann. Folgt darum innerhalb eines dreisilbigen Taktes auf eine kurze offene Tonsilbe in der Hebung noch eine lange Silbe in der Senkung, kann allein Spaltung der Hebung eintreten, z. B.:

ich mac wol clagen mīn schoene wīp   (Hartmann, Iwein, v.

× | x̌ × | ◡ ◡ × | x̌ × | x̌ ∧   3993)

In den oben und auch auf Seite 9 angeführten Beispielen für Spaltung der Hebung (◡ ◡ ×) wäre theoretisch statt dessen ebenso eine Spaltung der Senkung (x̌ ◡◡) denkbar. Es ist dies eine Frage, die mehr für die Notation der Versfüllung als für die Dichtungs- und Vortragspraxis selbst von Bedeutung ist.

Die mehrsilbigen Auftakte und die silbenreichen Innentakte sind manchmal nur scheinbar vorhanden, da die Dichter durch Wort- verkürzungen verschiedener Art einen ebenmäßigeren Versgang herstellen können. Das Ausmaß solcher Wortverkürzungen ist freilich umstritten und auch nicht generell festzulegen. Fest steht, daß Karl *Lachmanns* und der Lachmannianer (auch noch unserer Tage) Kampf für den Grundsatz der einsilbigen Senkung in der hochmittelalterlichen Dichtung mit weitgehenden Eingriffen in die tatsächlich überlieferte Textform, die ›normalisiert‹ wird (Heusler spricht vom »Umdichten Verses halber« [§ 557]), der Dichtung vielfach Gewalt antut. Gewiß hat auch Lachmann dreisilbige Takte für zulässig gehalten, aber unter allzu engen Voraussetzungen. Zum Beispiel ließ er zwar *manegen* gelten, aber nicht *manigen,* zwar *sælege,* aber nicht *sælige.* Wie die Dichter selbst gesprochen haben und ihre Verse gesprochen haben wollten, ob im Einzelfall etwa *pfleget ir* oder *pflegt ir, si wāren* oder *si wārn, maget* oder *magt, genāde* oder *gnāde* zu lesen ist, kann nur aufgrund sorgsamer Abwägung aller Aspekte jeweils für einen bestimmten Dichter oder eine bestimmte Dichtung (und auch dann nicht mit letzter Sicher- heit) entschieden werden. Keinem Zweifel unterliegt es indes, daß die Lachmannschen Grundsätze für den hochmittelalterlichen Vers nur mit Abstrichen gültig sind und für den frmhd. Vers überhaupt irreleiten.

Dagegen ist es nicht fraglich, daß in der mhd. Dichtung weithin der Hiatus vermieden wird, womit sich zugleich die Zahl der Senkungssilben vermindert und sich ein alternierender Rhythmus einstellt. In manchen Ausgaben mittelalterlicher Dichtungen wird der Fortfall eines Vokals im Hiatus durch Unterpunktung ange- zeigt. Fällt der auslautende Vokal weg, so liegt *Elision* vor, z. B.: *der miltẹ ein glíchiu wáge* (aH. 66), *sus múosẹ er áber dá bestán* (Tr. 900). In der hochmittelalterlichen Dichtung handelt es sich zwar überwiegend, jedoch noch keineswegs ausschließlich um die Aus- stoßung des schwachtonigen -e, vielmehr erstreckt sich die Elision auch auf Vollvokale: *sị alle, sị unser* usw. Elision tritt vermutlich nicht ein, wenn sie den alternierenden Rhythmus, statt ihn zu ermöglichen, umgekehrt gerade stören würde; vgl.: *ein ánder wérlt die méine̲ i̲ch* (Tr. 58), *ir wánge̲ án daz sínè* (Tr. 1294). Das Gegenstück zur Elision ist die *Aphärese*, der Wegfall des anlautenden Vokals. Zu ihr kommt es, wenn der auslautende Vokal eine Länge ist, z. B. *dō ich*; sie führt zur Verschmelzung (*Synalöphe*) der beiden Wörter: *dōch* (vgl. etwa auch noch *sō ist* > *sōst*), wobei die beiden Wortkörper graphisch unverändert sein können.

Es gibt im Mhd. noch weitere Wortverkürzungen und -verschmelzungen, die nicht an eine Hiatstelle gebunden sind, deren Grund also auch nicht die Vermeidung eines Hiats ist, wiewohl für sie ebenfalls rhythmische Motive maßgebend sein können. Bisweilen ist es der Gebrauch der lebendigen Sprache, der hier hervortritt. Je nach Zeit, Landschaft und Individualität verfahren die Dichter dabei unterschiedlich. Besonders ist zu beachten, daß viele Verkürzungen längst sprachüblich sind, d. h. gesprochen werden, ehe sie in der konservativeren schriftlichen Fixierung zum Ausdruck kommen. Den Wegfall eines Auslauts (oder auch einer auslautenden Silbe) nennt man *Apokope* (*ich vare* > *ich var, deme* > *dem*), den Ausfall eines unbetonten Vokals zwischen zwei Konsonanten im Wortinnern *Synkope* (*er sihet* > *er siht, wir wären* > *wir wārn, manec* > *manc, manegen* > *mangen*). *Enklise* ist die Anlehnung eines unbetonten Wortes (etwa eines Pronomens oder einer Präposition) an das vorausgehende, betonte unter Verlust seines Vokals, z. B.: *ūf daz* > *ūfz, ūf dem* > *ūf(e)m, mohten si* > *mohtens, swaz tu* > *swazt* (vor folgendem Vokal), *daz tu* > *dazt* (vor folgendem Vokal, also metrisch ein Fall von Elision; die Zwischenstufe ist *te*). Das Wort, das sich anlehnt, ist das *Enklitikon*. Entsprechend ist *Proklise* die Anlehnung eines unbetonten Wortes an das folgende, betonte, z. B.: *ze lande* statt *zuo lande, vrou Minne* statt *vrouwe Minne, 's morgens* < *des morgens, 's küneges* < *des küneges*. Das Wort, das sich anlehnt, ist das *Proklitikon*. Enklitikon und Proklitikon werden auch unter der Bezeichnung *Atona* (Sg. Atonon) zusammengefaßt. Die Erscheinung, daß zwei je einsilbige Wörter zu *einem* zusammengezogen werden, pflegt man *Krasis* zu nennen. Im Unterschied zu dem metrischen Begriff der Synalöphe handelt es sich dabei um einen grammatischen Begriff. Krasis findet sich besonders bei dem Zusammentreffen von *daz* und Personalpronomina mit *ist*: *daz ist* > *deist, dest, er ist* > *erst, der ist* > *derst*, aber auch *daz ich* > *deich* usw. Alle diese Veränderungen sind unter dem Oberbegriff *Metaplasmus* zu subsumieren (vgl. o., S. 35).

Die Zahl der gängigen Kadenzen, die in der frmhd. Dichtung alle Möglichkeiten umfaßte, ist in der Reimpaardichtung der staufischen Zeit wieder stark reduziert. Allgemein gebräuchlich sind die einsilbig und die zweisilbig volle Kadenz (die, wie die Strophenschemata zeigen, einander völlig gleichwertig sind: auch in bis in Einzelheiten hinein gleichgebauten Strophen können die beiden männlichen Kadenzarten miteinander wechseln) und die (zweisilbig) klingende Kadenz, die dem mhd. Vers in besonderem Maße sein eigentümliches Melos verleiht.

Eine besondere Form der einsilbig vollen Kadenz ist die sog. *Stricker-Kadenz*, die der klingenden Kadenz nahekommt: Zwischen den beiden letzten Hebungen steht keine Senkung – es liegt also ›Hebungsprall‹ vor –, doch fallen diese Hebungen nicht als Haupt- und Nebenhebung auf *ein* Wort, wie bei klingendem Ausgang, sondern als Haupthebungen auf zwei Wörter, was schon in Otfrids »Evangelienbuch« begegnet (z. B.: *hilf mír*):

> Ein ritter quam an eine vart
> × | x̌ × | x̌ × | x̌ × | x̌ ∧   1 v-Kadenz
>
> sō verre, daz er gast wart
> × | x̌ × | x̌ × | ‿ | x̌ ∧   1 v-Kadenz in Form der Stricker-
>   Kadenz
>   (Der Stricker, Der nackte Ritter, v. 1/2).

Seltener sind in der Reimpaardichtung dreisilbig klingende Kadenzen. Doch verwenden sie etwa Wolfram und ganz besonders Gotfrid von Straßburg, z. B.:

> diu schœne júgent, diu láchendè.
> sus rítens ir mǽre máchendè   (Tr. 3141f.);
> schűmendẹ únde wétzendè
> und sích ze wíge sétzendè   (Tr. 13517f.).

Vereinzelt kennt noch Konrad von Würzburg den dreisilbig klingenden Versausgang (vgl. »Der Welt Lohn« 139f.: *tugende* : *jugende*). Noch seltener sind, anders als in der Lyrik, weiblich volle Kadenzen, wenn man von einem Werk wie dem »Welschen Gast« des Thomasin von Cerclære (entstanden 1215/16) absieht, wo sie sehr oft vorkommen, während klingende Ausgänge dort fehlen, z. B.:

> si súlen schámen sích ze mázen,
> wan swér sich schámt, der múoz verlázen . . .   (v. 189f.).

Inwieweit sie auch bei anderen Dichtern, so gerade bei Wolfram, verwendet werden, ist zumeist eine Frage der metrischen Interpretation. Einen »Parzival«-Vers wie *daz man wérde ríter und wérde fróuwen* (309, 27) kann man aber auch mit zweisilbigem Auftakt nicht anders denn mit weiblich voller Kadenz lesen – oder aber als Fünftakter mit klingendem Ausgang (*fróuwèn*). Auf jeden Fall bleiben wv-Schlüsse in der höfischen Reimpaardichtung Ausnahmen. Sie werden später der übliche weibliche Ausgang. Dieser verbreitet sich sprachlich infolge der Dehnung der offenen Tonsilbe (wodurch die 2v-Kadenz zur wv-Kadenz wird: *sǎgen* → *sāgen*) und metrisch, indem im Sprechvers, anders als z. T. im gesungenen, die Nebenhebung auf der Ultima schwindet: *mínnè* → *mínne*. Stumpfe Kadenzen, also dreihebige Verse, sind in der Reimpaardichtung, wenn man vor allem vom »Erec« absieht, ebenfalls kaum gebräuchlich, erscheinen aber im 14. Jh. wieder häufiger.

Da die Verse auch unstrophischer Dichtungen nicht isoliert stehen, muß die metrische Untersuchung jeweils über den einzelnen Vers hinausgreifen und das rhythmische Verhältnis der Verse untereinander, das Verhältnis von metrischer und syntaktischer Periode und das Verhältnis von syntaktischer Bindung und Reimbindung erhellen. Wir fügen entsprechende Hinweise an dieser Stelle ein, da diese Fragestellungen für das Verständnis der hochmittelalterlichen Verskunst besonders bedeutsam sind. Wenn ein Satz über einen Vers hinausgreift, kann die rhythmische Bewegung ohne Einschnitt oder Wechsel weitergehen oder aber unterbrochen werden. Im ersten Fall spricht man von *Synaphie* (dazu das Adjektiv synaphisch, ›gefugt‹), im zweiten Fall von *Asynaphie* (dazu das Adjektiv asynaphisch, ›ungefugt‹). Schließt der Vers mit Hebung, so liegt Synaphie vor, wenn der nächste mit Auftakt beginnt: das Auftaktviertel nimmt den Platz des pausierten Senkungsviertels des vorausgehenden Verses ein, der alternierende Rhythmus ist gewahrt. Verbindet sich Ausgang auf Hebung mit der Auftaktlosigkeit des nächsten Verses, so handelt es sich um Asynaphie, weil nun zwei Hebungen zusammentreffen und den (im Prinzip alternierenden) Rhythmus unterbrechen. Bei zweisilbig voller Kadenz ist das Verhältnis dem metrischen Schema nach das gleiche, da der Auftakt hier ebenfalls in das freie Senkungsviertel treten kann. So rechnet man auch diesen Fall zu den synaphischen Versübergängen. Es darf aber nicht außer acht gelassen werden, daß hier gleichwohl zwei Senkungen nebeneinanderstehen und an der Fugungsstelle ein dreisilbiger Takt vorhanden ist, während umgekehrt bei Auftaktlosigkeit des folgenden Verses, sprachlich-rhythmisch gesehen, Hebungen und Senkungen alternieren. Legt man nicht das Versschema zugrunde, sondern orientiert sich an der mutmaßlichen vortragsmäßigen Realisierung der Verse, so ist also die Frage nach ihrem synaphischen bzw. asynaphischen Verhältnis zueinander im Falle einer zweisilbig vollen Kadenz gerade umgekehrt zu beantworten, umgekehrt auch als in den unten angeführten Beispielen. Man wird dieser zweiten Möglichkeit den Vorzug geben dürfen. Bei weiblich vollem Versschluß ist der Übergang von dem einen Vers zum andern synaphisch, wenn der zweite Vers ohne Auftakt beginnt, da kein freies Senkungsviertel vorhanden ist und also Hebung, Senkung und Hebung regelmäßig wechseln, dagegen asynaphisch, wenn der zweite Vers auftaktig einsetzt, stoßen doch nun zwei Senkungen aneinander und unterbrechen den alternierenden Rhythmus. Der Auftakt umfaßt dabei immer den Zeitwert eines Viertels; bei zweisilbigem Auftakt sind die beiden Silben als Achtel zu messen.

Beispiele für Synaphie:

1 v-Kadenz: sīt éz ist kómen űf daz zíl   daz ér ez sélbeságen wíl
(»Der gute Gerhart« 1119f.) | ×́ ∧ ‖ × |

2 v-Kadenz: sō dér in sénede tráhte kúmet   und líebẹ an ímẹ ir wúnder
vrúmet (Tr. 861 f.) | ◡ ◡ ∧ ‖ × |

2 k-Kadenz: daz ích iu tríuwe léistè,   mir sélber dóch die méistè
(aH. 829 f.) | ‿ | ×́ ∧ ‖ × |

3 k-Kadenz: wéinendẹ únde clágendè,   diu mǽre wíder ságendè
(Tr. 9659 f.) | ×́ × | ×́ ∧ ‖ × |

wv-Kadenz: mán sol hában vór den óugen   öffenlíchen únde tóugen
(»Der Welsche Gast« 8275 f.) | ×́ × ‖ ×́ × |

Beispiele für Asynaphie:

1 v-Kadenz: dá von sól ich dísen tőt   hán vür éine sűeze nőt
(aH. 1165 f.) | ×́ ∧ ‖ ×́ × |

2 v-Kadenz: dánnẹ ein mán der réhte lébet   únd nāch gótes húlden
strébet | ◡ ◡ ∧ ‖ ×́ × |
(»Helmbrecht« 979 f.)

2 k-Kadenz: mīn hérze hắt betwúngèn   dícke míne zúngèn
(Gr. 1 f.) | ‿ | ×́ ∧ ‖ ×́ × |

3 k-Kadenz: dő gedắht' ouch Hágenè   án den spílemán
(NL 2304, 1) | ×́ × | ×́ ∧ ‖ ×́ × |

wv-Kadenz: ér gewínnt ouch báz mīn húlde   von kléiner dán von
grőzer schúlde | ×́ × ‖ × |
(»Der Welsche Gast« 11283 f.)

Aus dem bereits dargelegten Vordringen auftaktiger Verse ergibt sich, daß der synaphische Versübergang ebenfalls zunimmt und etwa bei Konrad von Würzburg herrscht.

Vers und Satz können auf drei verschiedene Weisen einander zugeordnet sein. Wenn Satz und Vers sich jeweils decken, das heißt, Anfang und Ende des Satzes und des Verses jedesmal zusammenfallen, liegt *strenger Zeilenstil* vor. Im engsten Sinne führen zu ihm nur Hauptsätze, und er erweckt, wenn er über längere Strecken durchgeführt wird, den Eindruck der Monotonie. Wenn das Satzende nicht mit jedem Versende zusammenfällt, sondern nur mit jedem zweiten, dritten usw., spricht man von *freiem oder erweitertem Zeilenstil.*

Die Unterscheidung dieser beiden Formen des Zeilenstils ist im einzelnen strittig, weil keine Einhelligkeit darüber besteht, ob die Nebensätze (besser: Gliedsätze) den Hauptsätzen metrisch gleichzusetzen sind oder ob sie wie bloße Satzglieder gewertet werden müssen. Es ist notwendig, hier auf den Begriff des Kolons zurückzugreifen und zu beachten, daß das Maß, die Stärke der Einschnitte recht unterschiedlich ist. Am Ende eines Hauptsatzes oder einer Periode ist der Einschnitt naturgemäß am kräftigsten, zwischen Satzgliedern innerhalb eines Satzes kann er ganz fehlen. Aber dazwischen gibt es manche Übergänge. Am Beginn von Konrads von Würzburg »Welt Lohn«: *Ir werlte minnære, / vernement disiu mære, / wie einem ritter gelanc* (v. 1–3), ist der Einschnitt nach dem Anredenominativ im ersten Vers, also nach einem bloßen Satzglied, nicht weniger stark als zwischen den jeweils von einem Satz gebildeten nächsten beiden Versen. Umgekehrt greifen z. B. zwischen den Versen 10 und 11 sowie 12 und 13 die Sätze ohne merkliche Pause von dem einen Vers in den anderen hinüber: *er kunde wol gemēren / sīn lob an allen orten* (10/11); *mit werken und mit worten / sīn leben was sō vollebrāht* (12/13). Überwiegend beschränkt man den Begriff ›strenger Zeilenstil‹ auf die Fälle, in denen jeweils ein Hauptsatz einen Vers füllt, etwa:

im was ein ander leben gegeben: |
er was ein niuborner man. |
ez huop sich ērste umbe in an; |
er was dō geil unde vrō. | (Tr. 8312ff.)

Zu strengem Zeilenstil führt im besonderen auch die Stichomythie, die namentlich von frühhöfischen Dichtern, wie Eilhart von Oberg und Heinrich von Veldeke, gern verwandt wird. Insgesamt erscheint strenger Zeilenstil in der mhd. Reimpaardichtung verhältnismäßig selten und auf jeden Fall nicht über längere Partien hinweg. In ihr dominiert vielmehr weitaus der freie Zeilenstil, indem sich in wechselnden Abständen Einschnitte nach Satzperioden am Ende kleinerer oder größerer Versgruppen finden. – Es ist aber auch möglich, strengen und freien Zeilenstil anders gegeneinander abzugrenzen und überall dort von strengem Zeilenstil zu sprechen, wo am Versende ein wirklicher Einschnitt vorliegt, gleichgültig, ob durch Hauptsatz- oder Gliedsatzende oder gelegentlich einmal auch durch ein herausgehobenes Satzglied (vgl. »Der Welt Lohn« 1–3), dagegen von freiem Zeilenstil, wo der Satz ohne Einschnitt über das Versende hinüberfließt und am Ende des nächsten oder eines der nächsten Verse ein Ruhepunkt in der sprachlichen Bewegung erreicht wird (vgl. »Der Welt Lohn« 10/11, 12/13).

Die syntaktische Fügung und die Versgliederung können jedoch auch dergestalt auseinandertreten, daß der Satz inmitten eines Verses endet: *Haken- oder Bogenstil.* Diese Begriffe sind besonders für die Langzeilendichtung, die germ. wie die mittelalterliche, in Gebrauch; bei der Reimpaardichtung ist der Begriff *Enjambement oder Zeilensprung* üblicher. Allgemein versteht man unter Enjambement das Hinübergreifen eines Satzes ohne Einschnitt über das Versende in den nächsten Vers. Zu unterscheiden ist dabei zwischen dem Enjambement im engeren Sinne und dem Enjambement im weiteren Sinne. Beim ersteren liegt der syntaktische Einschnitt inmitten des Verses (bei der Langzeile nach dem Anvers), es ist also mit dem Begriff Haken- oder Bogenstil gleichzusetzen. Beim zweiten greift der Satz zwar ebenfalls über das Versende hinüber, endet aber mit dem Schluß des nächsten Verses (oder eines der nächsten); es ist, wie man sieht, mit dem Begriff des freien oder erweiterten Zeilenstils identisch, sofern bei diesem keine Gliedsatzeinschnitte vorliegen. Beispiel für Haken- oder Bogenstil (Enjambement im engeren Sinne) in der Reimpaardichtung:

> ieweder sīne hende ⌣
> twuoc. | an eime gebende ⌣
> truoc Parzivāl īwīn loup ⌣
> fürz ors. | ūf ir ramschoup . . .   (Parz. 486, 5 ff. s. auch Parz. 500, 24/
>   25; 600, 22/23 u. a.).

> Brangaene ez dō der künegīn ⌣
> seite: | »liebiu vrouwe mīn . . .«   (Ulrich von Türheim, Tristan, v.
>   1273/74).

Zum Enjambement im weiteren Sinne vgl. die oben angeführten Beispiele aus »Der Welt Lohn« 10/11, 12/13.

Es gibt auch die Möglichkeit, daß sich innerhalb des Verses ein Einschnitt oder Einschnitte unterschiedlicher Stärke finden, er also aus zwei oder mehreren Kola besteht, ohne daß Bogenstil vorhanden ist, etwa ein Einschnitt zwischen Haupt- und Gliedsatz oder beim Anredenominativ und natürlich auch bei Hemistichomythien (vgl. Eilharts »Tristrant«, v. 1904 ff. und v. 7224 ff.). Man spricht hier von *Versteilung.* Beispiele:

> sō sage mir, | wie ist er getān? (Parz. 747, 22),
> stüend ich gar blōz, | sīt ich hān swert (Parz. 747, 3),
> vater mīn, | swie tump ich sī (aH. 593).

Aber auch in Form eines Enjambements ohne Hauptsatzschluß (wofür üblicherweise nicht der Begriff des Bogenstils herangezogen wird):

> der marcrāve den andern nāch ◌
> gienc, | unz er den künec sach
> > (Wh. 140, 27f. und überhaupt öfters in dieser Dichtung).

Drei Kola umfassen etwa Hartmanns Vers »*lebet er noch?*« | »*jā er.*« | »*nū wie?*« (Gr. 3917) und Wolframs Vers *Tuot ūf.* | *wem?* | *wer sīt ir?* (Parz. 433,1).

Insgesamt gilt somit, daß die syntaktischen Einheiten in der Reimpaardichtung von außerordentlich unterschiedlichem Umfang sind: sie können sich mit einem Vers decken, können mehrere oder gar viele Verse umspannen oder ein Vers kann mehrere in sich aufnehmen. Wichtiger und fruchtbarer, als für alle diese Möglichkeiten eine eigene Terminologie zu entwickeln und die verschiedenen Erscheinungen terminologisch scharf gegeneinander abzugrenzen, ist es, die Ausdehnung der Kola, wie die Stärke der Schnitte, differenziert zu erfassen und die stilistische Funktion und Leistung des jeweiligen Satz-Vers-Verhältnisses zu untersuchen.

Da die Bezeichnungen ›Zeilenstil‹ und ›Bogenstil‹ sich auf das jeweilige Verhältnis der syntaktischen Einheit zum Vers beziehen, darf das Grundwort ›Stil‹ in diesen Komposita nicht so verstanden werden, als ob es auf das Ganze einer Dichtung oder einen größeren Teil von ihr ziele, wie es bei dem ganzheitlichen Stilbegriff sonst durchweg der Fall ist. Zwar kann man sagen, in einer Dichtung komme z. B. strenger Zeilenstil oder Bogenstil so oft vor, daß sie durch diese oder jene Form charakterisiert sei; aber primär ist der Geltungsbereich der Termini ein anderer.

Schließlich gilt es, das Verhältnis von Satz und Reim zu betrachten. Das Reimpaar kann durch die Satzperiode gestützt werden, das heißt, die durch den Reim verbundenen Verse sind auch syntaktisch vereinigt: *Reimbindung*, z. B.:

> er sprach: »sun, eine wīle dage $\left(\begin{matrix} a \\ a \end{matrix}\right)$
> und vernim waz ich dir sage.
> swer volget guoter lēre, $\left(\begin{matrix} b \\ b \end{matrix}\right)$
> der gewinnet frum und ēre.«
> > (»Helmbrecht« 329 ff.)

Herrscht Reimbindung über weite Partien hin, entsteht der Eindruck von Eintönigkeit. Darum begegnet in der mhd. Dichtung vielfach die Erscheinung der *Reimbrechung*: die durch den Reim verbundenen Verse sind syntaktisch getrennt und die syntaktisch verbundenen Verse gehören verschiedenen Reimpaaren an. In der zweiten Hälfte des 12. Jh. verbreitet sich die Reimbrechung auf Kosten der Reimbindung ziemlich rasch: Während in der vorhöfischen Epik die Zahl der Reimbindungen die der Reimbrechungen noch deutlich übertrifft, überwiegt bereits in der frühhöfischen Erzähldichtung (Eilharts »Tristrant«, Veldekes »Eneide«) die Reimbrechung sehr stark. In den Dichtungen der höfischen Blütezeit und des späteren 13. Jh. sind die Zahlenverhältnisse – bei durchgehendem Übergewicht der Brechung – im einzelnen recht unterschiedlich (vgl. dazu die Angaben von Wolfgang Brandt, Mittelhochdeutsche Literatur: Epik, in: Kurzer Grundriß der germanischen Philologie bis 1500, Bd. 2: Literaturgeschichte, 1971, S. 447 f.). Vollendet beherrscht Gotfrid von Straßburg die Technik oder Kunst der Reimbrechung; bei Konrad von Würzburg wird sie am weitesten getrieben, kulminierend in der »Goldenen Schmiede«. Wir führen aus dieser Dichtung ein Beispiel an:

(v. 1156–1167)

Im Wechsel von Versen mit Reimbindung und solchen mit Reimbrechung gewinnt die mhd. Erzähldichtung einen besonderen Reiz, wobei die Brechungssysteme kleinere oder größere Versgruppen umschließen können. – Zu der Ausprägung der Reimbrechung als Reimteilung oder Stichreim vgl. o., S. 19.

Die Bezeichnungen ›Reimbindung‹ und ›Reimbrechung‹ gehen auf mhd. Begriffe zurück. Im 6. Buch seines »Parzival« sagt Wolfram: *ze machen nem diz mœre ein man, / der āventiure prüeven kan / unde rīme künne sprechen, / beidiu samnen unde brechen* (337, 23 ff.). Da es bei den Erscheinungen der Reimbindung bzw. der Reimbrechung um die syntaktische Zusammengehörigkeit von Reimpaarversen geht, wären die Termini ›Versbindung‹ bzw. ›Versbrechung‹ angemessener.

Die Verskunst der staufischen Dichtung stellt – in der Epik wie in der Lyrik – den Höhepunkt der mittelalterlichen dt. Versgeschichte dar, wobei die Erzähldichtung, aufs Ganze gesehen, ein einheitlicheres, auch einförmigeres, Bild bietet, das aber im einzelnen viele Abstufungen und Abtönungen, auch solche des Ranges, aufweist. Will man den hochmittelalterlichen Reimpaarvers zusammenfassend charakterisieren, dann wird man Begriffe wie Mäßigung, Bändigung, Formung als seine wesentlichen Kennzeichen heranziehen, und man kann mit Ulrich Pretzel sagen, die ritterliche Kardinaltugend der *māze* sei sein Formideal (Sp. 2428; vgl. schon Andreas Heusler, §621). Dies gilt auch dann, wenn man sich bewußt hält, daß der Text in den von Karl Lachmann und seinen Nachfolgern veranstalteten Ausgaben mhd. Dichtungen von den Herausgebern – nicht zuletzt metri causa – in einem Ausmaß normalisiert und normiert worden ist, das über die tatsächlich intendierte Gleichmäßigkeit in der Versgestaltung (und im Vortrag) der damaligen Zeit zweifellos hinausgeht. Germanische und christlich-lateinische Formtraditionen sind im Vers des hohen Mittelalters zur Synthese verschmolzen, wobei die zweite Komponente dominiert. Eben darum hat Andreas Heusler, dessen Vorliebe dem germ. Verse gilt, über die »ritterlichen Reimpaare« mit weniger Verständnis geurteilt, und er hat besonders der Verskunst Gotfrids und der sich ihm anschließenden späteren Dichter nicht gerecht werden können. Wiederholt spricht Heusler von einer »Entdeutschung« des dt. Verses und vom »Welscheln« – wobei er germ. und dt. Eigenart in eins setzt. Auf das sich dagegen erhebende Bedenken ist Heusler selbst eingegangen (§626), hat diesen Einwand indes allzu rasch zur Seite geschoben. In Wahrheit ist aber das germ. Versprinzip nur *eine* Quelle des dt. Verses, der auch aus anderen gespeist wird, die nicht nur geschichtlich oft wirksamer, sondern auch ebenso legitim sind.

Literatur:

Zur Bedeutungsgeschichte des Wortes ›Reim‹:

Wilhelm *Braune*: Reim und Vers. Eine wortgeschichtliche Untersuchung, HSB, Jg. 1916, 11. Abh.
Ludwig *Wolff*: Zur Bedeutungsgeschichte des Wortes ›Reim‹, in: ZfdA 67, 1930, S. 263–271.
Nils *Törnquist*: Zur Geschichte des Wortes Reim, 1935.

Friedrich *Ranke*: Zum Vortrag der Tristanverse, in: Festschrift Paul Kluckhohn und Hermann Schneider gewidmet [. . .], 1948, S. 528–539; wieder abgedruckt in: F. R., Kleinere Schriften, 1971, S. 105–114.

Ulrich *Pretzel*: Vers und Sinn. Über die Bedeutung der ›beschwerten Hebung‹ im mittelhochdeutschen Vers, in: WW 3, 1952/53, S. 321–330; wieder abgedruckt in: WW, Sammelband II: Ältere deutsche Sprache und Literatur, 1963, S. 231–240, und in: U. P., Kleine Schriften, 1979, S. 335–347.

Blanka *Horacek*: Die Kunst des Enjambements bei Wolfram von Eschenbach, in: ZfdA 85, 1954/55, S. 210–229.

Dies.: Kunstprinzipien der Satz- und Versgestaltung. Studien zu einer inhaltbezogenen Syntax und Metrik der deutschen Dichtersprache, 1968 (= WSB, 258. Bd., 1. Abh.).

Kurt *Schacks*: Beschwerte Hebungen bei Otfried und Hartmann, in: Festgabe für Ulrich Pretzel, 1963, S. 72–85.

Helmut *Lomnitzer*: Beobachtungen zu Wolframs Epenvers, in: Probleme mittelhochdeutscher Erzählformen. Marburger Colloquium 1969, 1972, S. 107–132.

Helmut *de Boor*: Über dreisilbige und zweisilbige Komposita und Derivata im Nibelungenlied, bei Gottfried und Hartmann. Ein Beitrag zur Frage des Verhältnisses von Sprachrhythmus und Versrhythmus, in: Festschrift für Hans Eggers zum 65. Geburtstag (= Beitr. 94 [Tüb.], Sonderheft), 1972, S. 703–725.

Weitere Untersuchungen: Aufriß, Bd. III, [2]1962, Sp. 2530f.

6. Kapitel

Mittelhochdeutsche epische Strophenformen

Die metrische Form des höfischen Romans und der höfischen Erzählung ist durchweg das Reimpaar, was nicht ausschließt, daß in Reimpaardichtungen gelegentlich strophische Gebilde eingefügt sind. Aber nur wenige Dichter bedienen sich für ihre Versromane überhaupt der Strophe: Wolfram in den »Sigunefragmenten«, in seiner Nachfolge Albrecht im »Jüngeren Titurel«, der Dichter des »Lohengrin«. Umgekehrt weist die sog. Heldendichtung des hohen und späten Mittelalters überwiegend Strophenform auf; Ausnahmen sind die »Nibelungenklage«, »Biterolf und Dietleib«, das »Buch von Bern« (»Dietrichs Flucht«) und der »Laurin« samt der schwachen Fortsetzung des »Walberan«. In sich wie geschichtlich, in ihrer Wirkung, am bedeutsamsten ist dabei von allen Heldendichtungen, auch unter metrischem Aspekt, das Nibelungenlied. Die Nibelungenstrophe muß daher hinsichtlich ihres Baus wie hinsichtlich ihrer Forschungsprobleme eingehender behandelt werden; für die übrigen Strophenformen muß es im Rahmen einer knappen Zusammenfassung wie der vorliegenden im wesentlichen mit der Aufzählung der Strophenschemata sein Bewenden haben.

Die Nibelungenstrophe:

> Diu vil michel ēre   was dā gelegen tōt.
> die liute heten alle   jāmer unde nōt.
> mit leide was verendet   des küniges hōhgezīt,
> als ie diu liebe leide   z'aller jungeste gīt.
>
> (Str. 2378 der Fassung B)

Die Nibelungenstrophe besteht aus zwei endgereimten Langzeilenpaaren mit zweisilbig (oder auch dreisilbig) klingender Kadenz im Anvers und voller Kadenz im Abvers. Im Anschluß an Andreas Heusler ist folgendes Strophenschema aufzustellen:

$$
\begin{array}{c|c}
4\,\text{k.} & 4\,\text{s. a} \\
4\,\text{k.} & 4\,\text{s. a} \\
4\,\text{k.} & 4\,\text{s. b} \\
4\,\text{k.} & 4\,\underline{\text{v.}}\ \text{b}
\end{array}
$$

In der Kennzeichnung der drei ersten Abverse ist dabei von der Bezugsgröße des Viertakters (auf die Langzeile als Ganzes bezogen: des Achttakters) ausgegangen, in dem Heusler das Grundmaß des dt. Verses überhaupt sieht. Diese Annahme mag zweifelhaft sein: im Vortrag des Nibelungenliedes ist in der Tat – was schon Karl Simrock im Jahre 1858 ausgesprochen hat – nach den Abversen zumeist eine Pause erforderlich, die dem Zeitwert eines Taktes entspricht. Berücksichtigt man nur die sprachlich realisierten Hebungen, so ist statt 4 s jeweils 3 v anzusetzen. Der vierte Abvers dagegen ist nicht nur viertaktig, sondern auch vierhebig, das heißt, auch der letzte Takt ist in ihm sprachlich erfüllt. Wenn man, wie dies neuerdings des öfteren geschieht, nur die tatsächlich realisierten Hebungen beachtet und überdies auf die differenzierte Erfassung und Benennung der Kadenzen verzichtet, indem man lediglich männlichen und weiblichen Versausgang unterscheidet – was freilich nicht unbedenklich ist –, je nachdem ob der Vers auf eine betonte Endsilbe oder eine unbetonte (bzw. nur einen Nebenton tragende) Endsilbe ausgeht, läßt sich die Nibelungenstrophe mit folgender Formel wiedergeben:

$$3\,w \mid 3\,m\ a$$
$$3\,w \mid 3\,m\ a$$
$$3\,w \mid 3\,m\ b$$
$$3\,w \mid \underline{4}\,m\ b$$

Analog kann man selbstverständlich auch bei der Beschreibung der anderen mhd. Strophenformen verfahren.

Eine zweite Besonderheit des letzten Abverses ist, daß der zweite Takt häufig einsilbig ist mit unmittelbar darauffolgender Hebung des dritten Taktes, daß also beschwerte Hebung vorliegt (vgl. in der oben angeführten Strophe *júngèste*: | $\perp$ | $\dot{\times}$ × |). Durch beide Eigenheiten wird der vierte Abvers gegenüber den drei vorangehenden abgehoben. Sie dienen also der *Schlußbeschwerung*, konstituieren den sog. *betonten Strophenschluß*, der das Ende der Strophe markiert und die Sinneinheit der Strophe hörbar macht. Fehlt dieser, wie im Hildebrandston (vgl. u., S. 89), liegen nur noch fortlaufende Langzeilenpaare vor. Schon in der *Nôt*-Fassung des Nibelungenliedes erscheint neben den schließenden Abversen mit beschwerter Hebung im zweiten Takt des öfteren zweisilbige Füllung (z. B. im Schlußvers der gesamten Dichtung: *daz ist der Nibelúnge nôt,* 2379, 4 b), und in der Bearbeitung C des Epos ist die beschwerte Hebung häufig beseitigt worden. (Vgl. zu den metrischen Tendenzen der Fassung C in neuerer Zeit die zusammenfassenden Darstellungen von Werner Hoffmann, Die Fassung *C des Nibelungenliedes und die »Klage«, in: Festschrift Gottfried Weber, 1967, S. 109–143 [hier S. 111–113], und Gerhard Philipp, S. 138.) Die Funktion der Schlußbetonung fällt somit allein der sprachlichen Realisierung aller Takte zu. Der letzte Langvers der Nibelungenstrophe ist aber nicht nur metrisch, sondern auch inhaltlich von besonderer Bedeutung: er enthält vielfach Zusammenfassungen, allgemeingültige Feststellungen und insbesondere die für das Nibelungenlied so charakteristischen Vorausdeutungen, meist auf kommendes Unheil, auf bevorstehendes Verhängnis, auf das Leid, in das sich alle Freude verkehren wird. Freilich gibt es auch Strophen, in denen der letzte Vers aus einem nichtssagenden Satz besteht, mit dem der Dichter das vorgegebene Schema notdürftig gefüllt hat.

Als problematisch, ja verfehlt muß es gelten, aus der – sei es sachlich-inhaltlichen und lexikologischen, sei es metrisch-syntaktischen – Eigenart der letzten Langzeile der Nibelungenstrophe Schlüsse auf die Genese dieses Epos zu ziehen, wie dies, mit völlig konträren Ergebnissen, in jüngster Zeit T. A. Rompelman einerseits und G. J. H. Kulsdom andererseits getan haben. Während Rompelman, wenn auch mit der gebotenen Vorsicht, die These vertritt, die Schlußverse der Nibelungenstrophe seien »sehr häufig nicht das Eigentum des ersten Nibelungenepikers« (S. 57) und es sei zunächst eine Nibelungendichtung in dreizeiligen Strophen anzunehmen, plädiert umgekehrt Kulsdom dafür, daß eine ganze Reihe von Nibelungenstrophen (und nur diese), deren letzte Langzeile durch einen starken Einschnitt zwischen dem An- und dem Abvers gekennzeichnet ist, wobei der Abvers durchweg von einem emphatisch einsetzenden Hauptsatz gebildet wird, »den alten Kern« des Nibelungenliedes ausmachten, Strophen mit anders strukturierter vierter Langzeile hingegen einer jüngeren Entstehungsphase entstammten.

Für die epischen Strophenformen des Mittelalters allgemein und so auch für die Nibelungenstrophe gilt, daß sie in mehr oder weniger weiten Grenzen variabel sind. Es handelt sich dabei nicht bloß um die bewahrt gebliebene Füllungsfreiheit (Freiheit des Auftakts und der Füllung der Innentakte), vielmehr spiegelt das Strophenschema im allgemeinen nur die Grundform wider, von der es im einzelnen manche Abweichungen gibt. So endet im Nibelungenlied der Anvers bisweilen nicht auf eine klingende, sondern auf eine volle Kadenz, und statt der vollen (bzw. stumpfen) Kadenz im Abvers kann eine klingende Kadenz erscheinen, z. B.: *wessę ich wer iz het getān* (1012, 4 a: volle Kadenz im Anvers), *ir muoter Úotèn: baz der gúotèn* (14, 1 b/2 b: klingende Kadenz im Abvers). Den Gebrauch von Kadenzen in den beiden Halbversen, die nach dem Strophenschema und in der überwiegenden Zahl der Fälle jeweils dem anderen Halbvers vorbehalten sind, pflegt man *Kadenzentausch* zu nennen; im eigentlichen Sinne ist dieser Begriff aber nur heranzuziehen, wenn die Kadenzen in den betreffenden

Halbversen gegenseitig wechseln; andernfalls, d. h. bei einer asymmetrischen, auf eine Halbzeile beschränkten Abweichung, verdient die Bezeichnung *Kadenzwechsel* den Vorzug. Tritt im Abvers klingende Kadenz auf, muß er gelegentlich vierhebig gelesen werden (oder man muß weiblich volle Kadenz annehmen – in jedem Falle eine Unregelmäßigkeit), etwa: *troumte Kriemhilde : starc scœn' und wilde* (13, 1 b/2 b). Umgekehrt kann es vorkommen, daß der letzte Abvers nur drei Hebungen aufweist oder nicht ohne Gewaltsamkeit anders denn dreihebig zu rhythmisieren ist: *vil mánec édel wîp* (200, 4 b), *daz wárt durch zúht getán* (587, 4 b). Doch dies sind vereinzelte Ausnahmen, die wenig besagen und im Grunde nur bestätigen, was selbst für eine insgesamt konsequent ausgeformte Epenstrophe wie die des Nibelungenliedes gilt, für andere aber in weit höherem Maße: daß sie innerhalb bestimmter Grenzen variabel sind. Die Strophenschemata repräsentieren gleichsam nur den jeweiligen Idealtypus der Strophe, bringen indes nicht den Spielraum ihrer möglichen Aktualisierungen zum Ausdruck. Daneben ist in manchen Fällen natürlich auch die Annahme eines Fehlers in der Überlieferung möglich.

Mehr als der Kurzvers des höfischen Romans oder auch als das Reimpaar ist die nibelungische Langzeile das Gefäß für die Syntax: die metrisch-rhythmische und die sprachlich-syntaktische Einheit decken sich oft, entweder in Form des strengen Zeilenstils, so daß jeweils ein Hauptsatz einen Langvers füllt, oder in Form des freien Zeilenstils, so daß der Satz mehrere Verse umspannt und am Schluß etwa des zweiten oder dritten zu Ende kommt.

Beispiel für strengen Zeilenstil:

Do gedāht ūf hōhe minne   daz Siglinde kint. |
ez was ir aller werben   wider in ein wint. |
er mohte wol verdienen   scœner frouwen līp. |
sīt wart diu edele Kriemhilt   des küenen Sīvrides wīp. |

(Str. 47)

Beispiele für freien Zeilenstil:

Etzeln kameræere   dine dūhte daz niht guot. |
jā heten si den recken   erzürnet dō den muot,
wan daz sine torsten   vor dem künege hēr. |
dā was vil michel dringen   unde doch niht anders mēr. |

(Str. 1867)

Dō dise von Berne   gescheiden wāren dan,
dō kōmen von Bechelāren   die Rüedegēres man ͝
fünf hundert under schilde   für den sal geriten. |
liep wære dem marcgrāven   daz siz hēten vermiten. |

(Str. 1875)

84

Während im ersten Beispiel am Ende des zweiten Langverses ein kleiner Einschnitt liegt, der durch die Grenze zwischen Haupt- und Gliedsatz markiert ist, überspült der Satzfluß im zweiten Beispiel an der entsprechenden Stelle die Langversgrenze in Form eines echten Enjambements (hier in Form eines Enjambements im weiteren Sinne; vgl. o., S. 76). Um Haken- oder Bogenstil handelt es sich, wenn der enjambierende Satz nicht am Langversende, sondern in der Versmitte, d. h. in der Zäsur endet (Enjambement im engeren Sinne), z. B.:

Wol zwelf hundert recken   an dem ringe sīn ⌒
dā ze tische sāzen. | Prünhilt diu künegīn ⌒
gedāht’ daz eigenholde   niht rīcher kunde wesen. |
si was im noch sō wæge   daz si in gerne lie genesen. |

(Str. 803)

Wie bei der Reimpaardichtung ist es auch bei der strophischen Dichtung nötig, über die drei Grundmöglichkeiten des Verhältnis- ses von metrischer und syntaktischer Gliederung hinaus zu diffe- renzierteren Beobachtungen fortzuschreiten.

Außer dem Langzeilenenjambement (Langzeilensprung) gibt es auch, seltener, das *Strophenenjambement* (den Strophensprung): der Satz greift über das Strophenende hinaus in die folgende Strophe über, so daß die metrische und die sprachlich-syntaktische Gliederung einander zuwiderlaufen und die Einheit der Strophe durchbrochen ist. Im stärksten Fall liegt zwischen den beiden Strophen nicht einmal ein schwächerer Einschnitt (in Form einer Gliedsatzgrenze oder der Grenze eines herausgehobenen Satz- gliedes):

ez mohte niemen gescheiden: des sach man vliezen daz bluot ⌒
Von verchtiefen wunden,   der wart dā vil geslagen.

(Str. 2133, 4/2134, 1)

Friedrich Panzer zählt im Nibelungenlied insgesamt 57 Strophen- enjambements (Das Nibelungenlied. Entstehung und Gestalt, 1955, S. 118). De Boors Ausgabe der Fassung B des Nibelungenlie- des weist allerdings nur 51 Fälle auf; doch ist zwischen weiteren Strophen ein Enjambement durchaus möglich, z. T. sogar wahr- scheinlich (vgl. 746/747, 1111/1112, 1147/1148, 1706/1707). Die Fassung C bietet bei den Strophenenjambements nahezu dasselbe Bild wie die Fassung B.

Beim Bogenstil gewinnt die Anversgrenze, die Zäsur zwischen den beiden Halbversen, eine besondere Bedeutung, zumal wenn die Außengliederung – das Langversende – weniger ausgeprägt ist als die Innengliederung oder überhaupt fortfällt, indem die Langversgrenze vom Satzfluß ohne merklichen Einschnitt überspült wird. Die Beachtung der Innengliederung wie ihre Unterordnung unter die Außengliederung gehört aber zum Wesen der Langzeile hinzu. Die Zäsur wird noch mehr hervorgehoben, wenn sie Reimstelle wird. In der Fassung B des Nibelungenliedes wird dies nur in der ersten Strophenhälfte intendiert; dagegen hat der Bearbeiter von C den *Anvers- oder Zäsurreim* auch bewußt in die zweite Strophenhälfte eingeführt, so daß es in dieser Fassung 7 durchgehend zäsurgereimte Strophen gibt, so gleich die erste Strophe, die auch in die Ausgaben der Fassung B aufgenommen wird:

Uns ist in alten mæren   wunders vil geseit
von helden lobebæren,   von grōzer arebeit,
von fröuden, hōchgezīten,   von weinen und von klagen,
von küener recken strīten   muget ir nu wunder hœren sagen.

(Vgl. zum Zäsurreim im Nibelungenlied im einzelnen Wilhelm Braune, Beitr. 25, 1900, S. 158–166, und neuerdings Gerhard Philipp, S. 142 f.)

Innerhalb der Strophe tritt somit gekreuzter Reim auf:

a	b
a	b
c	d
c	d

Zwei Fragen sind es vor allem, die in der gegenwärtigen Forschung über die Nibelungenstrophe Interesse beanspruchen: zum einen die Frage nach ihrer Vortragsweise, zum andern die nach ihrer Herkunft. Lange Zeit herrschte die z. B. von Andreas *Heusler* vertretene Auffassung, daß das Epos prinzipiell unsanglich gewesen, d. h. also im Sprechvortrag dargeboten (oder gelesen) worden sei. Neuere musikwissenschaftliche Forschungen, zunächst Karl Heinrich *Bertau* und Rudolf *Stephan* einerseits, Ewald *Jammers* andererseits, haben es indes wahrscheinlich machen können, daß das Nibelungenlied, wenigstens anfangs, sanglich vorgetragen, genauer: mit der Singstimme rezitiert wurde. Die Präzisierung besagt, daß dabei nicht an eine liedhaft-reizvoll bewegte Melodie zu denken ist. Sanglicher Vortrag steht für die gesamte strophische Epik des Mittelalters außer Frage. Das besagt freilich nicht, daß sie immer und überall gesungen worden sein müsse und daß sich nicht, wenn man die sanglich-rezitativische Präsentation für die ursprüngliche hält, daneben und unter Umständen schon recht früh Sprechvortrag eingestellt haben wird. Ansätze für die Rekonstruktion der Nibelungenlied-Melodie bieten tatsächlich überlieferte Melodien (zu einer Epenstrophe in der Trierer Marienklage und im Alsfelder Passionsspiel, Melodie des »Jüngeren Hildebrandsliedes« und die »Titurel«-Melodie). Wie die Melodie der Nibelungenstrophe im einzelnen gestaltet war und geklungen hat, läßt sich nicht mit Sicherheit feststellen; bestenfalls kann man hier zu einer gewissen Wahrscheinlichkeit, zu einer mutmaßlichen Annäherung gelangen. Im Gegensatz zu der Unsicherheit über die Nibelungenmelodie sind eine Reihe von Epenmelodien eindeutig nachgewiesen, so die zum Hildebrandston, zur Titurelstrophe, zum Schwarzen Ton, zum Berner Ton, zum Herzog-Ernst-Ton und die Heunenweise. (Vgl. dazu im einzelnen die beiden im Literaturverzeichnis genannten Arbeiten von Horst Brunner.)

In der Diskussion über die Herkunft der Nibelungenstrophe beansprucht eine besondere Bedeutung ihr Verhältnis zur *Kürnbergerstrophe*.

> Ich zōch mir einen valken   mēre danne ein jār.
> dō ich in gezamete   als ich in wolte hān
> und ich im sīn gevidere   mit golde wol bewant,
> er huop sich ūf vil hōhe   und floug in anderiu lant.   (MF 8, 33 ff.)

Das Strophenschema der Kürnbergerstrophe ist mit dem des Nibelungenliedes identisch (nur die Strophen MF 7, 1 und 7, 10 zeigen einen anderen Bau, indem zwischen den beiden Langzeilenpaaren ein reimloser Viertakter steht):

$$4 \, k. \mid 4 \, s. \; a$$
$$4 \, k. \mid 4 \, s. \; a$$
$$4 \, k. \mid 4 \, s. \; b$$
$$4 \, k. \mid 4 \, \underline{v}. \; b$$

Beim Kürnberger ist die Regelung der Kadenzen noch viel weniger fest als im Nibelungenlied, und er dichtet auch noch durchaus im Zeilenstil (Ausnahme: MF 8, 28/29). Das genetische Verhältnis von Kürnbergerstrophe und Nibelungenstrophe wird unterschiedlich beurteilt. Nach Andreas *Heuslers* Auffassung hat der Kürnberger das einfache Langzeilenpaar der sanglichen Heldenlieder, die Heusler aufgrund der (freilich erst nach 1250 bezeugten) nordischen Balladen erschließt[1], »kunstgemäß gesteigert und persönlich abgewandelt« (§ 735), nämlich mit der Verdoppelung des Langzeilenpaares, der Ausbildung des betonten Strophenschlusses und der überlegten, aber nicht starren Festlegung der Kadenzen in den Halbversen. Dabei läßt Heusler es dahingestellt, ob der Kürnberger zur Umgestaltung des heimischen Langzeilenpaares durch bestimmte äußere Anregungen, auch in Gestalt fremder Vorbilder, geführt worden ist. Auf jeden Fall wäre die Nibelungenstrophe eine Schöpfung des Kürnbergers, von dem sie der Dichter der »Älteren Not« in den 1160er Jahren übernommen hätte und von diesem wiederum der Nibelungendichter um die Wende vom 12. zum

---

[1] »Dieses nordische Maß verhält sich zu dem des Kürnbergers wie die Sagenbilder der Niflunga saga zu denen des Nibelungenlieds: beidemal vermittelt uns der nordische Zeuge die ältere Stufe« (§ 732).

13. Jh. (vgl. § 715). Andere Forscher, von neueren etwa Hermann *Schneider* und Friedrich *Panzer* (frühere nennt Heusler, §734; vgl. auch noch Hans Bretschneider, Die Kürnbergliteratur, Diss. Würzburg 1908), haben sich dahin ausgesprochen, daß die Kürnberger-Nibelungenstrophe zuerst in der epischen Dichtung, der älteren Heldendichtung ausgebildet und von dort auch vom Kürnberger übernommen worden sei. Nach Franz Rolf *Schröder* (Beitr. 78 [Tüb.], 1956, S. 343 f.) ist ein unbekannter Sänger vor dem Kürnberger der Schöpfer der Strophenform. Wolfgang *Mohr* sieht in der lyrischen Kürnbergerweise und in der epischen Nibelungenstrophe gleichsam Parallelerscheinungen, die beide auf den jeweils durch Reim verbundenen Langzeilenpaaren beruhen, in denen sowohl das mündliche Heldenlied wie einstrophige ›lyrische‹ Gelegenheitslieder des 11. und 12. Jh. abgefaßt zu denken seien (RL, Bd. I, ²1958, S. 239).

Alle diese Thesen stimmen insofern überein, als sie für die Kürnberger-Nibelungenstrophe eine dt. und damit letztlich germ. Grundlage annehmen, an die man begreiflicherweise immer am ehesten denken wird, bei der man aber auch eine nur erschlossene Größe in Rechnung stellen muß. Im 19. Jh. haben den *germanischen Ursprung der Nibelungenstrophe* vor allem Jacob *Grimm* (Vorrede zu: Lateinische Gedichte des X. und XI. Jh., hg. von Jacob Grimm und Andreas Schmeller, 1838, S. XXXVIII f.) und Karl *Simrock* (Die Nibelungenstrophe und ihr Ursprung. Beitrag zur deutschen Metrik, 1858) vertreten.

Für *romanischen Ursprung der Nibelungenstrophe* – der Nibelungenvers als Nachbildung des frz. Alexandriners – setzte sich namentlich Wilhelm *Wackernagel* ein (Altfranzösische Lieder und Leiche aus Handschriften zu Bern und Neuenburg. Mit grammatischen und litterarhistorischen Abhandlungen, 1846, S. 213; auch »Geschichte der deutschen Literatur bis zum Dreißigjährigen Kriege«, ²1872, S. 132 und S. 205), und schon Karl *Lachmann* hat einen Einfluß des Alexandriners auf die Ausbildung der Nibelungenstrophe angenommen, sie aber nicht auf diesen zurückgeführt (Anmerkungen zu den Nibelungen und zur Klage, 1836, S. 290). In neuerer Zeit begegnet diese These namentlich noch bei frz. Forschern (Paul *Verrier*, Le vers français. Formes primitives – développement – diffusion. Tome III: Adaptions germaniques, 1932, S. 267; vorsichtig zustimmend Jean *Fourquet*, Éléments de métrique allemande, 1936, S. 58. Die Umgestaltung der letzten Halbzeile schreibt Verrier dabei ausdrücklich dem Kürnberger zu, S. 268 f.).

Eine dritte Richtung spricht sich für *mittellateinischen Ursprung der Nibelungenstrophe* aus (Richard *Heinzel*, Abhandlungen zum altdeutschen Drama, WSB, Bd. 134, 1896, X. Abh., S. 103 ff.; ihm angeschlossen hat sich Samuel *Singer*, Die religiöse Lyrik des Mittelalters. ⟨Das Nachleben der Psalmen⟩, 1933, S. 88 f.). Diese lange Zeit zurückgetretene Herleitung der Nibelungenstrophe ist neuerdings wieder von Aage *Kabell* aufgegriffen worden (»Metrische Studien II: Antiker Form sich nähernd«, 1960, S. 94 ff.), der das Vorbild der Kürnbergerstrophe sehr dezidiert in der *Vagantenstrophe* sieht. Die Vagantenstrophe war in der ersten Hälfte des 12. Jh. recht verbreitet. In ihr sind vier sog. Vagantenzeilen, paarweise gereimt, vereinigt. Die Vagantenzeile ist eine 13silbige, trochäisch gebaute

›Langzeile‹, z. B.: *méum ést propósitúm   ín tabérna mórì*.

Gegen alle diese Herleitungen der Kürnberger-Nibelungenstrophe lassen sich im einzelnen Einwände erheben, und es erscheint überhaupt zweifelhaft, ob die Nibelungenstrophe auf *eine* Wurzel zurückzuführen ist. Was freilich tragende Grundlage, was bloß anregendes Vorbild zur Umgestaltung der Grundlage gewesen ist, muß offenbleiben.

Der Hildebrandston:

Vil liebe schargenōze,   wir müezen ūf den sē.
got uns der sælden gunne,   daz ez uns wol ergē.
swelch kristenman erstirbet,   dem wil ich geben trōst:
dem ist ouch immer mēre   sīn reiniu sēlę erlōst.   (»Ortnit«, Str. 26)

Der Hildebrandston unterscheidet sich von der Nibelungenstrophe dadurch, daß auch der letzte Abvers nur drei sprachlich realisierte Hebungen hat; er besteht also aus zwei Langzeilenpaaren:

4 k. | 4 s. a
4 k. | 4 s. a
4 k. | 4 s. b
4 k. | 4 s. b

Nicht allein die fehlende Schlußbeschwerung hebt den strophischen Charakter dieser Form im Grunde auf, sondern dazu auch noch der häufige Strophensprung: beim Hildebrandston ist die strophische Einheit nur für das Auge, nicht aber für das Ohr vorhanden. Seinen Namen trägt er nach dem in dieser Form abgefaßten »Jüngeren Hildebrandslied«. Das Nibelungenlied zeigt diese Form in der Piaristenhandschrift (k; zweite Hälfte des 15. Jh.), überdies viele andere Heldendichtungen (»Ortnit«, »Wolfdietrich«, »Alpharts Tod«, »Rosengarten zu Worms«, »Lied vom Hürnen Seyfrid«), wobei teilweise neben der Dreihebigkeit des letzten Abverses auch noch Vierhebigkeit vorkommt. Auch in der spätmittelalterlichen und frühneuzeitlichen Lieddichtung, besonders im Volkslied und im Kirchenlied, ist der Hildebrandston – z. T. mit Zäsurreim – weit verbreitet. Von der Nibelungenstrophe her gesehen stellt der Hildebrandston ein Endstadium der Entwicklung dar, eine jüngere Form, in der der betonte Strophenschluß vollends aufgegeben ist. Anders wird der Hildebrandston von K. H. Bertau und R. Stephan gedeutet: Er repräsentiere »kein Endergebnis, sondern eine unentwickelte Additionsform, sozusagen dem Stadium der Nibelungenstrophe vor der Abversneuerung entsprechend« (ZfdA 87, S. 257, Anm. 3), das heißt, er sei gerade die bewahrt gebliebene ältere Form.

Die ›isometrische‹ Strophenform des Hildebrandstones ist, wie allein schon aus den angeführten Dichtungen hervorgeht, lange lebendig geblieben und hat weite Verbreitung gefunden – ganz im Gegensatz zu der ›heterometrischen‹ Nibelungenstrophe. Die Nibelungenzeile als solche (das heißt hier: die Langzeile mit drei [Haupt-]Hebungen im ›weiblich‹ schließenden und fakultativ gereimten Anvers und drei Hebungen im Abvers mit ›männlicher‹ Kadenz) wurde freilich durch alle Jahrhunderte der dt. Versgeschichte hindurch gepflegt, mag sie auch, historisch gesehen, wiederum in der Strophenform des Hildebrandstones tradiert worden sein. Man findet sie in zahlreichen Gedichten, auch in solchen, in denen man das nicht erwarten würde. Ein beliebig herausgegriffenes Beispiel bietet Georg Weerths Gedicht »Die rheinischen Weinbauern«, dessen Anfang wir zur besseren Veranschaulichung in Langzeilen abdrucken:

An Áhr und Mósel glánzten   die Tráuben gélb und rót;
Die dúmmen Báuern méinten,   sie wáren aus jéder Nót.

Da kámen die Hándelsléute   herúber aus áller Wélt:
»Wir néhmen ein Dríttel der Érnte   für únser geliéhenes Géld!«

Die Heunenweise:

Wird im Hildebrandston durchgehend der Anversreim (Zäsurreim) durchgeführt, dann werden die vier Langzeilen faktisch zu acht durch Kreuzreime verbundenen Kurzversen mit abwechselnd klingender (bzw. weiblicher) und voller Kadenz aufgelöst. Man nennt diese Strophenform Heunenweise. Die Bezeichnung findet sich am Schluß der Drucke der strophischen Fassung des »Wunderer«. Die Meistersinger kennen diese Form unter dem Namen Hönweise und schrieben sie irrtümlich Wolfram zu. Ihr Strophenschema:

4 k. a | 4 s. (3 v.) b
4 k. a | 4 s. (3 v.) b
4 k. c | 4 s. (3 v.) d
4 k. c | 4 s. (3 v.) d

In der Heunenweise erscheint ein großer Teil der Heldendichtungen im »Dresdener Heldenbuch« des Kaspar von der Rhön (1472); desgleichen ist sie die strophische Form der Heldendichtungen im »Gedruckten Heldenbuch«.

Die Walther-und-Hildegund-Strophe:

Dō sprach aber der recke: »ir sult mich hœren lān,
wie Etzel und vrou Helche   zuo zin haben getān?«
dō sprach der boten einer: »daz wil ich iu sagen:
Walther ist von dem künege sō gescheiden,   daz ez die Hiunen müezen
klagen.«
(Wiener Bruchstück I, Str. 12)

<pre>
4 k. | 4 s. a
4 k. | 4 s. a
4 k. | 4 s. b
6 k. | 4 v. b
</pre>

Sie unterscheidet sich von der Nibelungenstrophe nur im letzten Anvers, der sechs Takte statt vier aufweist. Manche Strophen der nur fragmentarisch überlieferten Dichtung weisen Zäsurreim auf.

Die Kudrunstrophe:

Wate reit mit vorhten   in daz Hilden lant:
die andern niht getorsten.   sîn kraft und ouch sîn hant
hēt übele gehüetet   in volcstürmen grimmen.
er entroute niht sō gæhes   die Hilden hulde widere gewinnen.

(Str. 921)

<pre>
4 k. | 4 s. a
4 k. | 4 s. a
4 k. | 4 k. b
4 k. | 6 k. b
</pre>

Auch die Kudrunstrophe ist aus der Nibelungenstrophe entwikkelt. Ihre Charakteristika sind der klingende Ausgang des dritten und vierten Abverses und die Sechshebigkeit des letzten Abverses. Ein besonderes und noch nicht endgültig geklärtes Problem stellen die 100 (oder 101) Nibelungenstrophen innerhalb der 1705 Strophen der »Kudrun« dar, deren überwiegende Zahl auf den Beginn der Dichtung entfällt. Viele Strophen weisen überdies Zäsurreim auf.

Die Dukus-Horant-Strophe:

Ēś waś in tūtschen rīchen   ein kunik wīt erkant,
ein dēgen alse kūne,   Etene waś ēr genant.
ēr waś milde unde schōne,
ēr trūk dēr ēren krōne.

(Str. 1)

Die erst in den fünfziger Jahren unseres Jahrhunderts bekannt gewordene Dichtung »Dukus Horant« ist ebenfalls in Strophen abgefaßt. Die beiden ersten Verse stimmen mit den ersten Versen der Nibelungen- und der Kudrunstrophe überein; es folgen zwei klingende Vierheber mit Paarreim wie in den Langzeilen, so daß sich folgendes Strophenschema ergibt:

<pre>
4 k. | 4 s. a
4 k. | 4 s. a
4 k. b
4 k. b
</pre>

Die zahlreichen Abweichungen von diesem Schema sind zum Teil eine Folge der besonders schlechten Überlieferung des Werkes.

Die Rabenschlachtstrophe:

Wellet ir nū bīten,   ich wil iuch wizzen lān,
ez was an den zīten   der künic Etzel ūf gestān.
mit vrœlīchem schalle   die hōhen wārn ze hove komen alle.

(Str. 132)

<pre>
4 k. a | 4 s. b
4 k. a | 4 v. b
4 k. c | 6 k. c
</pre>

Im Bau entsprechen die beiden ersten Verse den beiden letzten der Nibelungenstrophe und der dritte Vers dem letzten der Kudrunstrophe. Infolge des Zäsurreims in den beiden ersten Langzeilen und des Binnenreims in der dritten handelt es sich im Grunde um Kurzverse mit Kreuzreim und schließendem Reimpaar. Öfters ist der dritte Anvers fünftaktig zu rhythmisieren (z. B.: *wǽfen híute und ímmer mḗrḕ ; owḗ, sīn jǽmerlīchez wéinḕn*).

Die Titurelstrophe:

Dō sich der starke Tyturel   mohte gerüeren,[1]
er getorste wol sich selben   unt die sīne in sturme gefüeren:
sīt sprach er in alter »ich lerne
daz ich schaft muoz lāzen: des phlac ich etwenne schōne und gerne.«

(Str. 1)

Andreas Heusler gibt diesen Strophenbau durch folgende Formel wieder (vgl. § 600):

<pre>
 8 (4 + 4) k. a
10 (4 + 6) k. a
 6 k. b
10 (4 + 6) k. b
</pre>

Die acht- und zehntaktigen Verse sind im einzelnen unterschiedlich gebaut, sowohl als Langzeilen (mit klingender oder auch voller Kadenz der Anverse) wie auch als lange Zeilen ohne festliegende

[1] Möglicherweise verdient die folgende Lesart den Vorzug:
Dō Titurel der starke   sich moht hie vor gerüeren.

Zäsur oder überhaupt ohne Zäsur (Str. 24, 1). Der bei Wolfram zwischen den beiden ersten Versen nur sporadisch auftretende Zäsurreim (34, 1/2) wird dann die Regel in der

Strophe des »Jüngeren Titurel«:

Und wer der werden minne   diu liebe sō niht gepflihtet,
iz wurde nāch mīnem sinne   ir werdicheit an prīse vil vernihtet,
sīt si nu disen kouf sō dicke wirbet,
der jāmer gīt di lenge   und an hōhen vreuden gar verdirbet.

(Str. 2627)

4 k. a | 4 k. b
4 k. a | 6 k. b
6 k. c
4 k. x | 6 k. c

Manchmal findet sich in den Anversen der 1., 2. und 4. Verszeile statt der klingenden Kadenz voller Ausgang. Trotz ihrer Kompliziertheit ist diese Strophenform nicht auf die Dichtung des Albrecht (gegen 1275) beschränkt geblieben, sondern ist im Gegenteil im späteren Mittelalter weit verbreitet: in der »Jagd« des Hadamar von Laber (ca. 1335), im »Ehrenbrief« des Jakob Püterich von Reichertshausen aus dem Jahre 1462, im »Buch der Abenteuer« sowie in der Versfassung des »Lantzilet« von Ulrich Füetrer (entstanden in den siebziger Jahren des 15. Jh.), z.T. mit kleinen Variationen. Aber auch in die Lyrik hat die Strophenform des »Jüngeren Titurel« Eingang gefunden. So verwenden sie der jüngere Otto zum Turne in zwei Liedern (*Swer ritters orden zieret; Ach Welt, dīn hœhste wunne*) im ersten Drittel des 14. Jh. und um 1400 Bruder Hans in seinem umfangreichen lyrisch-epischen »Marienlob«.

Ein Höchstmaß an Kompliziertheit weist unter den epischen Strophenformen der *Schwarze Ton* auf, die Strophenform des »Wartburgkrieges« und des »Lohengrin« (auch noch im »Lorengel«, einer späteren Bearbeitung des »Lohengrin«, die in der Wiener Piaristenhandschrift aus der zweiten Hälfte des 15. Jh. überliefert ist):

Nu merkę ein man und sælic wīp,   4 v. a ⌉
wie nu die sēle pīnen kan ein valscher līp: 6 v. a ⎮
unkiuschiu werc ich prüeve bī den dornen.   6 k. b ⎮
swenne sō daz herze tuot den mein,   4 v. c ⎬ Schweif-
daz ez und ouch diu zunge hellent niht   ⎮ reim
   enein,   6 v. c ⎮
sō tritest du mit füezen die ūzerkornen.   6 k. b ⌋

alsus der līp die sēle kan in disem phuolẹ
unreinen,   8 k. d   ⎤
swennẹ er si in die sünde leit   4 v. e   ⎪ umar-
unde niht durch weschen zuo des brunnen   ⎪ mender
springe treit.   6 v. e   ⎪ Reim
got schamt sich sīn, swes leben kan sō ver-   ⎪
steinen.   6 k. d   ⎦

(»Wartburgkrieg«, Str. 41)

Allen bisher skizzierten Strophenformen ist gemeinsam, daß ihr
Bauelement ausschließlich oder doch wesentlich die Langzeile ist.
Daneben gibt es Reimpaarstrophen, deren Abschluß regelmäßig
eine sog. *Waisenterzine* bildet, d. h. ein durch einen reimlosen Vers
aufgespaltenes Reimpaar (a x a). Reimpaarstrophen finden sich
auch in der frühen Lyrik (in der Spruchdichtung: Hergerstrophe,
Spervogelstrophe). In der Erzähldichtung steht an der Spitze die

Morolfstrophe:

Ez ist der aller schōnste man   4 v. a
den ie kein frouwe ie gewan: 4 v. a
jā burnent im die ougen sīn   4 v. b
vil schōnẹ in sīnem houbte   4 k. x̱
als einem wilden velkelīn.   4 v. ḇ

(»Salman und Morolf«, Str. 405)

Die Strophen in der sog. Spielmannsdichtung von »Salman und
Morolf«, nach dem sie ihren Namen trägt, weisen im einzelnen
erhebliche Abweichungen von diesem Grundmaß auf, sogar hinsichtlich der Verszahl, aber auch hinsichtlich der Reimstellung. Die
Variante 4 v. a / 4 v. a / 4 k. b / 4 v. x / 4 k. b – die *Lindenschmidtstrophe* – ist eine beliebte Strophenform des Volksliedes im 16. und 17.
Jh. und zum Teil auch noch der späteren Zeit; übrigens liegt sie
schon einem anonym überlieferten Liedchen aus der Frühzeit des
Minnesangs zugrunde (MF 3,7: *Wære diu werlt alle mīn*).

Von den übrigen Strophenformen auf der Grundlage des Kurzverses sei nur noch der komplizierte *Bernerton* erwähnt, die Form
des Eckenliedes (deshalb auch die Bezeichnung *Eckenstrophe*), des
»Sigenot«, des »Goldemar« und der »Virginal«, als dessen Schöpfer
Helmut de Boor Albrecht von Kemnaten, den Dichter des »Goldemar«, zu erweisen suchte:

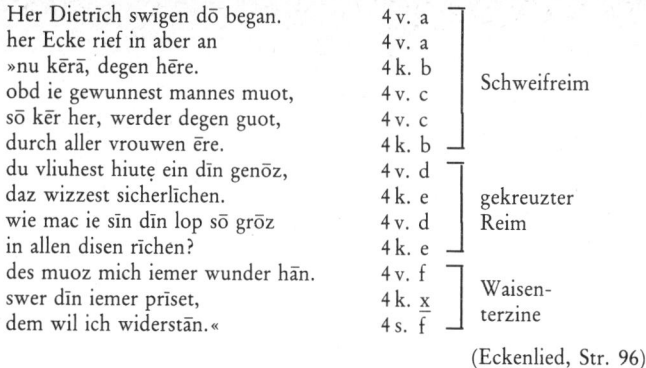

Her Dietrīch swīgen dō began.	4 v. a	⎤
her Ecke rief in aber an	4 v. a	⎥
»nu kērā, degen hēre.	4 k. b	⎥
obd ie gewunnest mannes muot,	4 v. c	⎬ Schweifreim
sō kēr her, werder degen guot,	4 v. c	⎥
durch aller vrouwen ēre.	4 k. b	⎦
du vliuhest hiute ein dīn genōz,	4 v. d	⎤
daz wizzest sicherlīchen.	4 k. e	⎬ gekreuzter
wie mac ie sīn dīn lop sō grōz	4 v. d	⎥ Reim
in allen disen rīchen?	4 k. e	⎦
des muoz mich iemer wunder hān.	4 v. f	⎤
swer dīn iemer prīset,	4 k. x	⎬ Waisen-
dem wil ich widerstān.«	4 s. f̄	⎦ terzine

(Eckenlied, Str. 96)

Im »Sigenot« und im Eckenlied hat der 12. Vers regelmäßig klingende Kadenz, dagegen in der umfangreichen »Virginal« durchweg volle; der 13. Vers, der in jenen beiden Dichtungen viertaktig stumpf (= dreihebig) ist, ist in der »Virginal« viertaktig voll (= vierhebig). Die typische Form der Waisenterzine in ihr hat also folgende Gestalt:

dā zuo vuorte er einen schilt,	4 v. f
dar an von rōtem golde was	4 v. x
gestrichen manec edel wilt.	4 v. f

(»Virginal«, Str. 4)

Die Form des Bernertons wurde im späten Mittelalter auch für die strophische Bearbeitung des »Herzog Ernst« (»Herzog Ernst« G) benutzt. Trotz der Übereinstimmung im metrischen Schema hat der Herzog-Ernst-Ton jedoch eine andere Melodie als der Bernerton.

Literatur:

Konrad *Zwierzina*: Die Eigennamen in den Reimen der Nibelungen (Mittelhochdeutsche Studien. 6), in: ZfdA 44, 1900, S. 89–101.

Leo *Saule*: Reimwörterbuch zur Nibelunge nôt [. . .], 1925 (= Münchener Texte. Ergänzungsreihe 3).

Siegfried *Beyschlag*: Zeilen- und Hakenstil. Seine künstlerische Verwendung in der Nibelungenstrophe und im Hildebrandston, in: Beitr. 56, 1932, S. 225–313.

Ders.: Langzeilen-Melodien, in: ZfdA 93, 1964, S. 157–176.

Karl Heinrich *Bertau* und Rudolf *Stephan*: Zum sanglichen Vortrag mhd. strophischer Epen, in: ZfdA 87, 1956/57, S. 253–270.

Helmut *de Boor*: Albrecht von Kemnaten, in: Unterscheidung und Bewahrung. Festschrift für Hermann Kunisch, 1961, S. 20–30; wieder abgedruckt in: H. d. B., Kleine Schriften, Bd. 1, 1964, S. 198–208.

Ders.: Zur Rhythmik des Strophenschlusses im Nibelungenlied, in: Festgabe für Ulrich Pretzel, 1963, S. 86–106; wieder abgedruckt in: H. d. B., Kleine Schriften, Bd. 2, 1966, S. 337–357.

Ders.: Die ›schweren Kadenzen‹ im Nibelungenlied, in: Beitr. 92 (Tüb.), 1970, S. 51–114.

Ursula *Hennig*: Zu den Anversen in der Strophe des Nibelungenliedes, in: Beitr. 85 (Tüb.), 1963, S. 352–382.

Jochen *Splett*: Der Stabreim im Nibelungenlied. Vorkommen und Stilistik, in: Beitr. 86 (Halle), 1964, S. 247–278.

Horst *Brunner*: Epenmelodien, in: Formen mittelalterlicher Literatur. Siegfried Beyschlag zu seinem 65. Geburtstag, 1970 (= GAG, Nr. 25), S. 149–178.

Ders.: Strukturprobleme der Epenmelodien, in: Deutsche Heldenepik in Tirol. [. . .] Beiträge der Neustifter Tagung 1977 des Südtiroler Kulturinstitutes, 1979, S. 300–328.

Volker Mertens: Zu Text und Melodie der Titurelstrophe: *Iamer ist mir entsprungen,* in: Wolfram-Studien [I], 1970, S. 219–239.

Gerhard *Philipp*: Metrum, Reim und Strophe im »Lied vom Hürnen Seyfrid«, 1975 (= GAG, Nr. 171).

T. A. *Rompelman*: Zur Strophik des Nibelungenliedes, in: Altgermanistische Beiträge. Jan van Dam zum 80. Geburtstag gewidmet, 1977, S. 33–59.

Elfriede *Stutz*: Die Nibelungenzeile. Dauer und Wandel, in: Philologische Studien. Gedenkschrift für Richard Kienast, 1978, S. 96–130.

Ray Milan *Wakefield*: The Prosody of the Nibelungenlied: A Formalist Approach, 1979 (= Diss. Indiana University 1972).

Gerard Jan Hendrik *Kulsdom*: Die Strophenschlüsse im Nibelungenlied. Ein Versuch, 1979 (= Amsterdamer Publikationen zur Sprache und Literatur, Bd. 37 [zugleich Diss. Univ. Amsterdam]).

Walther *Lipphardt*: Epische Liedweisen des Mittelalters in schriftlicher Überlieferung, in: Deutsche Heldenepik in Tirol. [. . .] Beiträge der Neustifter Tagung 1977 des Südtiroler Kulturinstitutes, 1979, S. 275–299 [ohne die nicht zu diesem Aufsatz gehörenden Seiten 281–288].

s. auch die als Literatur zu Kap. 3 genannten Arbeiten von Ewald *Jammers* und Karl [Heinrich] *Bertau.*

Weitere Untersuchungen: Aufriß, Bd. III, ²1962, Sp. 2531 f.

7. Kapitel

Metrik der mittelhochdeutschen lyrischen Dichtung

Von allen Kapiteln der altdt. Versgeschichte müßte das über die mhd. Lyrik weitaus am ausgedehntesten sein, bietet sie doch die meisten offenen Probleme. Gerade in jüngster Zeit ist die Forschung wieder lebhaft in Fluß gekommen, namentlich durch eine stärkere Berücksichtigung musikwissenschaftlicher Fragestellungen und Ergebnisse, die im einzelnen freilich z. T. erheblich differieren. Hier wäre eine eigene Monographie erforderlich (vgl. innerhalb der ›Sammlung Metzler‹ R. J. Taylor, Die Melodien der weltlichen Lieder des Mittelalters, 2 Bde, 1964). Statt dessen muß im vorgegebenen Rahmen eine konzentrierte Darstellung genügen. An deren Spitze ist die Tatsache hervorzuheben, daß die mhd. Lyrik, auch die sog. Spruchdichtung (vgl. u., S. 108 ff.), gesungen worden ist. Doch ist die Möglichkeit, daß mindestens vom ausgehenden 13. Jh. an, wenn nicht schon früher, Lieder auch gesprochen wurden, nicht auszuschließen, ja sogar wahrscheinlich. Den Text eines Gedichtes nannte man *wort*, seine Melodie die *wīse*, metrischer Bau und Melodie zusammen wurden als *dōn* bezeichnet, die Strophe als *liet*, so daß ein *dōn* mehrere *liet* umfassen konnte. Die Dichtung (im engeren Sinne des Wortes) und die Komposition bzw. das Finden der Melodie sind i. a. das Werk desselben Mannes: der Dichter ist zugleich Komponist und der Sänger seiner Lieder. Daß die Personalunion von Dichter und Komponist, zumal in der späteren Zeit, aufgehoben sein konnte, zeigt das Beispiel des Grafen Hugo von Montfort (1357–1423), der – anders als der zwanzig Jahre jüngere Oswald von Wolkenstein – selbst nur die Texte seiner Lieder schuf, zu denen dann sein *getriuwer kneht* Burk Mangolt die Melodien beisteuerte.

Die Überlieferung der Melodien ist, besonders für die Frühzeit des Minnesangs einschließlich Walthers von der Vogelweide, sehr schlecht. Von Walther ist nur eine einzige Melodie vollständig und authentisch überliefert: das 1910 gefundene Münsterer Fragment aus der Mitte oder der zweiten Hälfte des 14. Jh. enthält, neben drei fragmentarischen Walther- und einer fragmentarischen Reinmarmelodie, die Melodie zum Palästinalied 14, 38 ff. Verhältnismäßig günstig ist dagegen die Melodieüberlieferung für Neidharts und Oswalds Lieder. Die wichtigsten Minnesängerhandschriften (A, B, C) bringen keine Melodien. Die bedeutendste Hs. mit Melodieüberlieferung ist die Jenaer Hs. (J) aus dem zweiten Viertel des 14. Jh., die hauptsächlich Werke mittel- und niederdt. Dichter, zumal Spruchdichter, der Spätzeit umfaßt. In ihr sind die *wîse* in römischer Quadratnotation (Choralnotation) aufgezeichnet. Daneben ist vor allem die Kolmarer Liederhs. (t) aus der Mitte des 15. Jh. mit Melodien besonders aus dem späten Minnesang und dem frühen Meistersang zu nennen, die die Melodien in gotischer Hufnagelschrift, der typisch dt. Musiknotation des Mittelalters, überliefert. Im übrigen besitzen wir zu einigen Liedern früher Minnesänger und Walthers Neumen, für Walther darüber hinaus Zeugnisse aus dem späten Mittelalter, die aber von unterschiedlichem und teilweise sehr zweifelhaftem Wert sind. Da die Melodien – sofern es sich nicht überhaupt noch um Neumen handelt – in Quadratnoten oder in Hufnagelschrift wiedergegeben sind, ist zwar die Höhe, aber gerade nicht der Rhythmus bezeichnet. Mensuralnoten begegnen in Deutschland erst im 15. Jh.

Sehr ausgedehnt ist im Gegensatz zum dt. Minnesang die Melodieüberlieferung der Troubadour- und Trouvèrelieder (rd. 4000 Melodieaufzeichnungen sind erhalten!). Sie bietet eine Möglichkeit, auch Melodien zu dt. Liedern zu erschließen, da man mit mehr oder weniger großer Sicherheit vermuten kann, daß mit der gleichen Bauform und dem Inhalt von Liedern auch ihre Melodie ins Dt. übernommen worden ist. Es handelt sich hier um die Erscheinung der *Kontrafaktur*. Man versteht darunter das Abfassen eines Liedtextes auf eine vorhandene Melodie oder auch das neue Lied selbst. Der Vorgang des Kontrafazierens und sein Ergebnis werden manchmal auch terminologisch unterschieden, indem man für jenen das Nomen agentis *Kontrafaktur,* für dieses das Nomen acti *Kontrafakt* verwendet. Unter Umständen kann beim Kontrafazieren die Melodie des Vorbildes abgeändert werden (eine sog. Grundlagen-Kontrafaktur), womit wahrscheinlich in größerem Umfang zu rechnen ist, als dies früher zugegeben wurde. Besondere Verdienste um die Erforschung mhd. Kontrafakturen hat sich Friedrich *Gennrich* erworben. In der neueren Forschung ist man mit der Annahme von (zudem unverändert) übernommenen Melodien aber zurückhaltender (vgl. etwa Ewald Jammers, Der Vers der Trobadors und Trouvères und die deutschen Kontrafakten, in: Medium Aevum Vivum. Festschr. f. Walther Bulst, 1960, S. 147–160). Während mhd. Kontrafakturen nach prov. und frz. Vorbild mit verschiedenen Graden von Wahrscheinlichkeit erschlossen werden können, sind geistliche Kontrafakte weltlicher Lieder aus dem Spätmittelalter und der frühen Neuzeit in großer Zahl bezeugt. Ihr erster Meister ist Heinrich von Laufenberg († 1460).

Die teils sicheren, teils wahrscheinlichen, teils möglichen mhd. Kontrafakturen romanischer Lieder und die geistlichen Kontrafakturen des Spätmittelalters zeigen, daß die Melodie hier nicht als der innerlich notwendige und darum einmalige, nicht übertragbare Ausdruck eines lyrischen Erlebens, einer persönlichen Gestimmtheit galt, sondern als eine – durchaus übertragbare – Bauform neben anderen. Inwieweit für den Dichter-Komponisten die Melodie, inwieweit das im Text Ausgesagte im Vordergrund stand, inwieweit ihm beides gleichwertig war, ist im einzelnen schwer, wenn überhaupt, entscheidbar. »Es braucht einen nicht wunderzunehmen, daß manches schöne Gedicht von einer konventionellen, alltäglichen Melodie begleitet ist, oder aber daß manchmal einer klangvollen Weise ein Text von geringem Interesse unterlegt ist« (Ronald J. Taylor, Bd. I, S. 53).

Überdies sollte gerade die Erscheinung der Kontrafaktur davor warnen, zu glauben, daß ohne die (sichere) Kenntnis der *wîse* ein adäquates Verständnis der mhd. Lyrik nicht möglich sei. Gewiß bleibt ohne die Kenntnis der Melodie und ihres Verhältnisses zu den metrischen Bauformen, zur syntaktischen Gliederung usw. die formale Analyse unvollständig. Aber die Formkunst der Lyrik ist nicht nur Kunst der musikalischen Form – die metrische Form hat ihr Eigenrecht. Es erscheint angezeigt, der Hypertrophie musikwissenschaftlicher Fragestellungen in der Deutung mittelalterlicher Lyrik und besonders dem Anspruch, sie allein könnten die Dichtung erschließen, entgegenzutreten. Diese grundsätzliche Einschränkung ist auch darum erforderlich, weil die Musikwissenschaft selbst die überlieferten oder erschlossenen Melodien im einzelnen ganz unterschiedlich interpretiert. (Ein instruktives Beispiel bieten die verschiedenen Ausdeutungen der Melodie zu Walthers Palästinalied; vgl. die Zusammenstellung von Burkhard Kippenberg, S. 226 f.) Übrigens muß auch mit einem variablen Vortrag schon durch den Dichter selbst gerechnet werden. Besonders verbreitet ist die *Modalinterpretation*, wie sie zunächst von Friedrich Ludwig für die mittelalterlichen Motetten und dann in den Jahren 1908/10 von Pierre Aubry und Jean Baptiste Beck für die Troubadour- und Trouvèremelodien entwickelt wurde und die etwa Friedrich Gennrich mit apodiktischem Anspruch vertritt. Dabei werden die rhythmuslos überlieferten Melodien mittels einer der sechs Modi rhythmisiert (in Anlehnung an die antiken Metren: Trochäus, Jambus, Daktylus, Anapäst, Spondeus, Tribrachys). Der Rhythmus setzt sich demnach aus der regelmäßigen Aufeinanderfolge einer dieser rhythmischen Grundformeln (Modi) zusammen.

Die mhd. Lyrik ist gerade unter metrischem Aspekt eine sehr bewußt gepflegte und ausgebildete Formkunst, die an den Dichter (wie die Hörer) hohe Anforderungen stellte, der Gipfel mittelalterlicher Formkunst in dt. Sprache überhaupt und von fast unübersehbarer Mannigfaltigkeit in der Strophik. Die metrischen Bauelemente der Strophe sind zunächst die der heimischen epischen Dichtung: der viertaktige Kurzvers und die Langzeile. Diese begegnet in der Kürnbergerstrophe (vgl. o., S. 87), aber auch in Strophen anderer früher Dichter, wie Dietmars von Eist, teilweise auch in Verbindung mit Kurzversen, so vor allem bei Meinloh von Sevelingen, auch bei Kaiser Heinrich. Zunehmend schwinden jedoch Langzeilen und sie werden, über bestimmte Übergangsstadien, etwa bei Albrecht von Johansdorf, zu langen Zeilen, so bei Reinmar, zunächst als Achttakter; später treten sogar Zehn- und Zwölftakter auf. Die Wirkung romanischer Vorbilder im rheinischen Minnesang seit Friedrich von Hausen führt daneben sehr bald zu kurzen und langen Versen unterschiedlicher Taktzahl (Zwei-, Drei-, Fünf- und Sechstakter; letztere sind bei Reinmar und Walther sehr beliebt). Die Verse der Lyriker zeigen alle

Möglichkeiten der Kadenzen. Oft ist es nicht möglich, zwischen vollem und stumpfem, klingendem und weiblich vollem Ausgang zu entscheiden, zumal wenn wir die Melodie des betreffenden Liedes nicht kennen. Da Verse mit ungerader Taktzahl durchaus vorkommen, kann die Bezugsgröße des Viertakters unbedenklich aufgegeben werden. Einen Anhaltspunkt (nicht mehr als das) vermag in der Frage der Kadenzwertung die Untersuchung der Fugungsverhältnisse (vgl. o., S. 73 f.) zu liefern. Sofern, wie Karl-Heinz Schirmer an vielen Liedern Walthers von der Vogelweide beobachtet hat (Die Strophik Walthers von der Vogelweide, 1956), die Taktzahl einer Strophe mit der Verszahl des Liedes übereinstimmt, also z. B. 30 Takte je Strophe und 30 Verse im Lied, kann auch diese numerische Koinzidenz zu einer Entscheidung über die Art der Kadenzen und über die Annahme von (taktwertigen) Unterfüllungspausen beitragen. Doch ist dieses Kriterium nicht unbedenklich, da hier die Gefahr des Zirkelschlusses droht. Vielfach ist man dazu übergegangen, bei der Aufstellung des Strophenschemas nur die sprachlich realisierten Takte zu berücksichtigen (also etwa: 3 v statt 4 s) und nur anzugeben, ob Hebungsschluß oder Senkungsschluß, also ›männlicher‹ oder ›weiblicher‹ Versausgang vorliegt.

Auch alle Möglichkeiten der Reimbindung sind in der Lyrik zu Hause, die sich gerade dadurch von der Einförmigkeit des erzählenden Reimpaares abhebt. Doch haben sich in der Lyrik unreine Reime länger als in der höfischen Erzähldichtung erhalten, was sich eben daraus erklärt, daß die Reimstellen in einer Strophe häufig nicht nur zweimal, wie der Reimpaarvers der Epik, sondern öfter denselben Reimklang verlangen und also drei, vier oder noch mehr Reimwörter notwendig sind. Die Vertreter der romanisierenden Phase des Minnesangs, etwa Friedrich von Hausen († 1190), haben diese Aufgabe noch nicht immer bewältigen können, ohne unreine Reime in Kauf zu nehmen. Dagegen hat bereits Walther von der Vogelweide in seinem ›Vokalspiel‹ (75, 25; aus dem Umkreis der sog. Mädchenlieder) die sieben Reimstellen einer jeden Strophe dieses fünfstrophigen Liedes auf jeweils nur einen Reimklang abzustimmen vermocht, nämlich auf einen der fünf Vokale, die in der Reihenfolge des Alphabets aufeinanderfolgen, und in keinem Fall bedurfte er dazu eines unreinen Reimes. (Zum Beispiel bilden in der 1. Strophe die folgenden Wörter den Reim: *blā / anderswā / dā / nebelkrā / jā / übergrā / brā*.) Dieses Kunststück (oder diese Künstelei) ist im 13. Jh. mehrmals nachgebildet worden: von Ulrich von Singenberg in dem Lied 31 (unter ausdrücklicher Bezugnahme auf den *meister*, d. h. Walther) und von Rudolf dem

Schreiber in dem Lied 1. Überhaupt werden in der Lyrik des 13. Jh. mit Vorliebe virtuose Reimspiele gepflegt und damit subtile Klangbindungen gesucht und verwirklicht. Als ein Beispiel für viele sei das Lied 3 des Schweizer Minnesängers Winli genannt (*Scheiden daz tuot wē und muoz doch sīn*), das neben den Endreimen Binnenreime, Schlagreime und Pausenreime aufweist.

Für den Strophenbau des mhd. Liedes sind auch ungereimte Verse von Bedeutung. Einen ungereimten Vers nennt man eine *Waise* (im Reimschema: x). Er hat seinen Namen eben darum, weil ihm der Reimpartner fehlt, er also gleichsam ›verwaist‹ ist. Die Waise dient oft dazu, den Strophenschluß zu markieren, meist in Form einer Waisenterzine: a x a. Reimt die Waise der einen Strophe auf die entsprechenden Glieder anderer Strophen des Liedes, spricht man mit einem Ausdruck der Meistersinger von einem *Korn* (schon bei Heinrich von Veldeke: MF 59, 30 : 60, 2 : 60, 11 [hier als identischer Reim]; Walther 46, 8 : 46, 19; Walther 119, 23 : 119, 32 : 120, 4 : 120, 13). Die Körner eines Liedes können auch auf zwei Reimklänge entfallen (Gotfrid von Neifen, Lied XXVII: *want* : *want*; *guot* : *guot*). Die Technik des Korns ist von Gotfrid von Neifen auf den Höhepunkt geführt, wenn er im Lied VII jeden Vers einer Strophe als Waise dichtet und ihm erst in einer späteren Strophe seinen Reimpartner gibt, so daß alle Verse Körner sind, wobei die 1. und die 3., die 2. und die 4. Strophe einander korrespondieren.

Die Reimstellung ist in der mhd. Lyrik nicht nur Schmuck, sondern auch ein Mittel zur Strophengliederung. Bei der Analyse von Strophen geht man daher zweckmäßigerweise von der Reimstellung aus, die einen meist verläßlichen Ausgangs- und Anhaltspunkt für die Strophengliederung bietet.

Manchmal bleiben freilich mehrere divergierende Möglichkeiten der Strophengliederung offen, da man durch Reim verbundene Wortgruppen entweder als selbständige Verszeilen auffassen kann (und die Reime somit als Endreime) oder als Glieder von langen Zeilen mit Innen- und Binnenreimen. Auch bei reimfreien Wortgruppen ist es nicht immer eindeutig, ob selbständige Waisen vorliegen oder ob sie in lange Zeilen integriert sind. Instruktive Beispiele für die sich ergebenden Schwierigkeiten und Kontroversen bieten Wolframs Tagelieder (*Den morgenblic bī wahtæres sange erkōs, Sīne klāwen durch die wolken sint geslagen, Von der zinnen wil ich gēn*). Die Herausgeber und Interpreten sind hier zu durchaus unterschiedlichen Lösungen gelangt. So erscheint die Strophenform des Liedes *Sīne klawen* in den Ausgaben Karl Lachmanns, Peter Wapnewkis und in MF ([36]1977) als ein zehnzeiliges Gebilde nur mit Endreimen, während z. B. Carl von Kraus im Anschluß an Karl Bartsch eine achtzeilige Strophe ansetzt, deren 1. und 3. Vers (die Stolleneingänge [vgl. u., S. 103]) er als lange Zeilen mit Innenreim betrachtet. Zur besseren Veranschaulichung seien die beiden Möglichkeiten (unter Beschränkung auf den ersten Teil der Strophe) einander gegenübergestellt.

Sīne klāwen	a
durch die wolken sint geslagen,	b
er stīget ūf mit grōzer kraft;	c
ich sich in grāwen	a
tegelīch, als er wil tagen:	b
den tac, der im geselleschaft . . .	c

Sīne klāwen durh die wolken sint geslagen,	a b
er stīget ūf mit grōzer kraft,	c
ich sihe in grāwen tägelīch als er wil tagen,	a b
den tac, der im geselleschaft . . .	c

Drei Haupttypen von Strophen lassen sich unterscheiden, die zugleich geschichtliche Stufen der mhd. Lyrik repräsentieren.

1. *Die einteilig gebaute Strophe mit Betonung des Strophenschlusses.* Hierher gehören die Kürnbergerstrophe (vgl. o., S. 87) und die Lindenschmidtstrophe (vgl. o., S. 95), aus ›Des Minnesangs Frühling‹ die Strophe 3, 7 sowie die *Hergerstrophe*, eine siebenzeilige Spruchstrophe nach dem Schema: 4 v. a / 4 v. a / 4 k. b / 4 k. b / 4 k. c / 4 v. x / 6 k. c. Der Strophenschluß ist bei ihr also auf doppelte Weise markiert: zum einen durch die Waisenterzine, zum andern durch die Sechstaktigkeit des letzten Verses gegenüber der Viertaktigkeit der vorausgehenden. Die einteilig gebaute Strophe mit Betonung des Strophenschlusses ist eine Eigentümlichkeit der frühesten Lyrik in Minnesang und Spruchdichtung. Neidhart von Reuental hat diesen Strophentyp in seinen › Sommerliedern‹ wiederaufgenommen, und auch im späteren Volkslied lebt er weiter.

2. *Die – gleichversige oder ungleichversige – durchgereimte Strophe* (ohne Gliederung durch die Reimstellung). Ein charakteristisches Beispiel bietet Friedrichs von Hausen Lied MF 45, 37 ff. (Textgestalt nach der 36. Aufl., 1977):

Sī darf mich des zīhen niet,	a
ich enhēte sī von herzen liep.	a
des möhte sī die wārheit an mir sehen,	b
und wil si es jehen.	b
ich kom sīn dicke in sō grōze nōt,	c
daz ich den liuten guoten morgen bōt	c

```
gegen der naht.                                              d
ich was sō verre an sī verdāht,                              d
daz ich mich underwīlent niht versan,                        e
und swer mich gruozte, daz ich sīn niht vernan.             e
```

Der durchgereimte Strophentyp ohne klare Strophengliederung
begegnet besonders im Kreis der vom provenzalischen Minnesang
beeinflußten Dichter um Friedrich von Hausen. Man vergleiche in
diesem Zusammenhang auch noch Hartmanns sog. Unmutslied
(MF 216, 29 ff.).

3. Die weitaus verbreitetste Art des mhd. Liedes ist die *Kanzone*,
die schon im hochhöfischen Minnesang dominiert. Ihre Strophen
sind *dreiteilig* oder *stollig* gebaut.[1] Die Strophe besteht aus zwei
metrisch und musikalisch gleichartigen Teilen und einem dritten,
metrisch und musikalisch verschiedenen Teil. Die beiden gleichartigen und gleichwertigen Teile sind die *Stollen* (1. und 2. Stollen,
auch Stollen und Gegenstollen genannt), die zusammen den *Aufgesang* bilden. Der ungleiche Teil ist der *Abgesang*:

```
                          ⎫  I  1. Stollen
A Aufgesang               ⎬
                          ⎭  II 2. Stollen
B Abgesang
```

Die Termini Aufgesang, Abgesang, Stollen sind Kunstausdrücke der
Meistersinger. Die Bezeichnung *stolle* ›Stütze, Pfosten‹ ist darauf zurückzuführen, daß er zusammen mit dem Gegenstollen den Abgesang ›stützt‹ wie
die Pfosten die Tür; als metrischer Begriff zuerst ca. 1350 belegt. Daß der
dreiteilige Aufbau der Meisterlieder auch für die meisten Minnelieder
Geltung hat, erkannte Jacob *Grimm* im Jahre 1811.

Ein Beispiel:

```
Sō die bluomen ūz dem grase dringent,      5 wv (6 k)  a ⎫
same si lachen gegen der spilden sunnen,   5 wv (6 k)  b ⎬ I   ⎫
in einem meien an dem morgen fruo,         5 v         c ⎭    ⎬ A
und diu kleinen vogellīn wol singent,      5 wv (6 k)  a ⎫    ⎭
in ir besten wīse die si kunnen,           5 wv (6 k)  b ⎬ II
waz wünne mac sich dā gelīchen zuo?        5 v         c ⎭
```

---

[1] Strenggenommen hat Kurt Plenio recht (Arch., 71. Jg., 136. Bd., 1917),
daß die Bezeichnungen ›stolliger‹ und ›dreiteiliger‹ Strophenbau nicht identisch sind. So gibt es etwa offensichtliche Dreiteiligkeit in Strophen, die
nicht als stollig gelten können (vgl. Ulrichs von Lichtenstein Lied LII).
Doch werden die beiden Bezeichnungen durchweg synonym verwandt.
Der Terminus ›stollig‹ hat dabei den Vorzug der Eindeutigkeit.

ez ist wol halb ein himelrīche.	4 wv	(5 k) d	
suln wir sprechen waz sich deme gelīche,	5 wv	(6 k) d	
sō sage ich waz mir dicke baz	4 v	e	B
in mīnen ougen hāt getān,	4 v	x	
und tæte ouch noch, gesæhe ich daz.	4 v	e	

(Walther 45, 37 ff.)

Die Gleichheit der Stollen gründet sich auf die Melodie – der zweite wiederholt die des ersten, während der Abgesang eine neue Melodie bringt – wie auf den metrischen Bau: die Verszahl, die Hebungszahl der Verse, ihre Kadenzen, Art und Stellung der Reime sind in den Stollen gleich. Nach romanischem Vorbild tritt gelegentlich eine Vertauschung der Reimfolge in den Stollen auf, so bei Rudolf von Fenis (MF 80, 1 ff.: 1. Stollen: a b, 2. Stollen: b a; MF 84, 10 ff.: 1. Stollen: a b, 2. Stollen: b a); ebenso ist es bisweilen möglich, daß der zweite Stollen andere Reimklänge aufweist (z. B. Ulrich von Winterstetten, Lied IX: 1. Stollen: a a b, 2. Stollen: c c b). Nicht unbedingt gleich muß in den beiden Stollen die Regelung des Auftaktes und der Ersatz zweisilbiger Takte durch ein- oder dreisilbige sein; im einzelnen verfahren hier die Dichter unterschiedlich. Der Umfang der Stollen und des Abgesangs ist nicht vorgeschrieben, doch hat sich eine bestimmte Praxis herausgebildet, die im folgenden, im Anschluß an Andreas Heusler (§ 817 ff.), skizziert sei. Stollen wie Abgesang erfordern mindestens je zwei Verse, so daß die dreiteilig gebaute Strophe wenigstens sechs Verse umfaßt, öfter jedoch sieben Verse, etwa nach dem Schema:

a
b   } 1. Stollen

a
b   } 2. Stollen

c
x   } Abgesang
c

Nur selten ist der Abgesang kürzer als der einzelne Stollen, wobei von der Takt-, nicht von der Verszahl auszugehen ist (z. B. Heinrich von Veldeke, MF 67, 33 ff.; Walther 63, 8 ff.); etwas häufiger weist der Abgesang die gleiche Taktzahl auf wie ein Stollen. Zumeist aber ist der Abgesang länger als ein Stollen (oft herrscht das Verhältnis 3 : 2). Der Abgesang kann sogar den Umfang beider Stollen, also des Aufgesangs, übertreffen (vgl. Walther 44, 11 ff.; 47, 36 ff.; 76, 22 ff.). Was das Verhältnis der Reime im Aufgesang und im Abgesang betrifft, so sind getrennte Reimklänge zwischen den Stollen einerseits und dem Abgesang andererseits die heimische Art. Romanisches Vorbild führt zur Durchreimung von Auf- und Abgesang; doch kennt auch die von der romanischen Dichtung am stärksten beeinflußte Lyrik um Friedrich von Hausen die andere Art (vgl. MF 43, 28 ff.), und seit Reinmar herrscht sie wieder vor. Bei der Reimbindung zwischen Auf- und Abgesang gibt es vier Möglichkeiten: a) der Abgesang nimmt alle Reimklänge der Stollen auf und bringt keine neuen hinzu; b) der Abgesang wiederholt nur einen Teil der Reimklänge der Stollen und bringt keine neuen hinzu; c) der Abgesang wiederholt alle Stollenreime und bringt neue Reimklänge hinzu, meist einen; d) der Abgesang nimmt einen Teil der Stollenreime auf, meist einen, und bringt dazu neue Klänge, oft mehrere. Der Abgesang kann aber nicht nur durch die Reimklänge, sondern auch durch die metrische und musikalische Wiederholung von Teilen des Stollens oder des gesamten Stollens mit dem Aufgesang verknüpft sein. Mündet die Melodie des Abgesangs in die Tonreihe, mit der die Stollen schließen, oder in die Tonreihe, mit der die Strophe beginnt, was im 13. Jh. zunehmend häufiger wird, spricht man mit Friedrich *Gennrich* von einer *Rundkanzone* (Grundriß einer Formenlehre des mittelalterlichen Liedes, S. 245). Es ist in diesem Zusammenhang wichtig, zwischen Textkanzone und Musikkanzone zu unterscheiden. Die im Münsterer Fragment überlieferte Melodie zu Walthers Palästinalied erweist dieses als musikalische Rundkanzone (α β α β γ δ β [die griechischen Buchstaben dienen allgemein zur Bezeichnung der Melodiezeilen]) – sprechmetrisch wäre eine solche Charakterisierung nicht möglich. Umgekehrt kann eine Textkanzone auf eine durchkomponierte Melodie gesungen worden sein. Selten wird der Stollen zu Beginn des Abgesangs wiederholt (vgl. Heinrich von Morungen, MF 134, 14 ff., hier sogar mit gleichen Reimklängen). Dagegen wird es im 13. Jh. immer gängiger, daß der Abgesang mit einem metrisch verschiedenen Teil beginnt und in seinem zweiten Teil der Stollen als sog. *dritter Stollen* wiederkehrt, u. U. sogar mit gleichen Reimklängen. Diese *Stollenreprise* ist etwa bei Johannes Hadloub schon die Regel und herrscht bei den Meistersingern (vgl. u., S. 119). Eine Kanzone, die Stollenreprise aufweist, nennt man *Reprisenkanzone*. In ihr kann der formal nicht mit dem Stollen identische Teil des Abgesangs auf einen einzigen Vers beschränkt sein, den man als *Steg* bezeichnet. Eine Besonderheit stellt die sog. *gespalten wîs*, die ›gespaltene Weise‹, dar. In ihr steht der Abgesang zwischen den beiden Stollen des Aufgesangs. Aus der hochmittelalterlichen Lyrik ist Walthers Alterston (66, 21 ff.) hierher zu zählen:

a b b a c x c x d e e d (hier also mit verschiedenen Reimklängen der Stollen; die beiden endreimlosen Verse sind übrigens durch Pausenreim mit dem Beginn des jeweils vorangehenden Verses klanglich verbunden).

Die Stollen- wie die Aufgesangsgrenze können durch den Satzbau ebensowohl unterstützt wie, was relativ häufig vorkommt, vom sprachlichen Fluß ohne Einschnitt überspült werden. Dann treten die metrische und die syntaktische Gliederung in ein Spannungsverhältnis (dem sich die musikalische Gliederung unterstützend oder abermals widerstreitend zuordnet). Zum Beispiel wird in Walthers spätem Lied 100, 24 ff. der erste Vers des Abgesangs in drei Strophen durch einen Hauptsatzschluß vom übrigen Abgesang getrennt (100, 28; 100, 37; 101, 18, wobei er im letzten Fall durch ein Enjambement mit dem letzten Vers des Aufgesangs verbunden ist, und auch in der zweiten Strophe gehört er syntaktisch noch zum Aufgesang). Stollen- und Aufgesangsgrenze können auch rhythmisch markiert werden, indem etwa zwischen den Stollenversen synaphischer, zwischen dem Stollen und dem Gegenstollen und zwischen Aufgesang und Abgesang aber asynaphischer Übergang herrscht. Im einzelnen ist das Verhältnis der metrischen, der im engeren Sinne des Wortes rhythmischen, der syntaktischen und dazu der melodischen Gliederung sehr mannigfaltig.

Die dreiteilig, ›stollig‹ gebaute Strophe ist nicht nur die verbreitetste Strophenform des Minnesangs, sondern auch fast obligatorisch im Meistersang und typisch für den älteren evangelischen Choral (vgl. ›Aus tiefer Not schrei ich zu dir‹, ›O Haupt voll Blut und Wunden‹, ›Befiehl du deine Wege‹: die Melodie des ersten Teils wird jeweils wiederholt, dann folgt eine neue).

Für die Strophen der mhd. Lieder gilt grundsätzlich das Strophengesetz, daß die korrespondierenden Teile der Strophen einander formal entsprechen, selbstverständlich melodisch, aber auch metrisch. (Eine viel erörterte Ausnahme stellt Morungens Lied *Vrowe, wilt du mich genern*, MF 137, 10 ff., dar.) Nur in bezug auf den Auftakt kann, besonders anfangs, die Kongruenz aufgelockert sein, indem der Dichter in den einzelnen Strophen des Liedes hier unterschiedlich verfahren darf. Die *Gleichstrophigkeit* kann am Ende eines Liedes aufgehoben sein durch die sog. *tornada* (prov. ›Rückkehr‹), wofür im Deutschen auch der Ausdruck ›Geleit‹ gebraucht wird: am Ende des Liedes wird der Abgesang – oder auch nur ein Teil von ihm – mit den gleichen Reimklängen, gelegentlich auch den gleichen Reimwörtern, wiederholt. In der dt. Dichtung ist die Erscheinung der *tornada* wenig verbreitet. Ein Beispiel bietet Walther in seinem Lied 73, 23 ff.: auf vier sechsversige Strophen folgt eine fünfte mit sechs Versen und einem Geleit von vier Versen.

Die Strophenteile eines mhd. Liedes – also etwa die Stollen und der Abgesang –, die Strophen eines Liedes, aber auch verschiedene Lieder können nicht allein durch die Klang- und Sinnentsprechungen von Reimen und Reimwörtern miteinander verbunden sein, sondern auch durch weitere formale wie inhaltliche Korrespondenzen, die man seit Erich Schmidt (Reinmar von Hagenau und Heinrich von Rugge, 1874) unter der Bezeichnung *Responsionen* zusammenzufassen pflegt. Die Möglichkeiten solcher Beziehungen und Verknüpfungen sind außerordentlich zahlreich und gehen, wie erwähnt, über die *Reimresponsion* (d. h. die Wiederaufnahme des Reimklangs) und die *Reimwortresponsion* (d. h. die Wiederkehr ganzer Reimwörter) weit hinaus (vgl. dazu die Dissertation von Martha Heeder, 1966). Die mhd. Lyrik wird nicht zuletzt durch die Fülle der Responsionen zu einer sehr bewußten und subtilen Kunst. Allerdings wird in manchen Formuntersuchungen nicht immer die Gefahr vermieden, unter Umständen nur beiläufige oder gar zufällige Erscheinungen überzubewerten und allzu weitreichende Folgerungen aus ihnen zu ziehen.

Neben dem auch in der mhd. Lyrik dominierenden ¾-Takt, der anfangs noch die Taktfüllungsfreiheiten aufweist, aber zunehmend, und zwar früher als in der Erzähldichtung, zu alternierendem Versgang führt, erscheint nach dem Vorbild der vierhebigen romanischen Zehn- und (bei weiblichem Schluß) Elfsilber zeitweilig ¾-Takt, die sog. *Daktylen* (wobei eine rhythmische Umdeutung gegenüber dem prov. und frz. Vorbild möglich ist). Sie stellen einen neuen Rhythmus in dt. Sprache dar. Dreisilbige Takte, die sich durch Spaltung der Hebung ergeben, verändern das Taktgeschlecht nicht; ihnen gegenüber handelt es sich bei den mhd. Daktylen um ein anderes Taktgeschlecht. Mit Recht hat Ulrich Pretzel darauf hingewiesen, daß die Einführung des daktylischen Versmaßes anscheinend einem rhythmischen Bedürfnis entsprach, daß das rhythmische Empfinden eines Dichters wie Heinrich von Morungen von sich aus zum ¾-Takt drängte (Sp. 2435). Aber das auslösende Moment war auf jeden Fall das romanische Vorbild, seine Wirkung zeitweise so mächtig, daß eine sehr starke Stilisierung der rhythmischen Kurve der ›gewöhnlichen‹ Sprache bis hin zu Akzentversetzungen die Folge ist. Die mhd. Daktylen sind vor allem im rheinischen Minnesang zu Hause und überwiegend eine Erscheinung des letzten Viertels des 12. Jh. Lieder im daktylischen Versmaß schufen etwa Kaiser Heinrich, Friedrich von Hausen, Rudolf von Fenis (und er ganz besonders), Bernger von Horheim,

Bligger von Steinach, Heinrich von Morungen. Bei Walther von der Vogelweide sind sie schon wieder selten geworden (39, 1 ff.; 85, 25 ff.; 110, 13 ff.). Dagegen pflegt sie noch einmal, vermutlich in den zwanziger und dreißiger Jahren des 13. Jh., Hildbolt von Schwangau, und vereinzelt kommen sie im ganzen 13. Jh. vor. Wenn die daktylischen Rhythmika mit ¾-Takten und ihrem alternierenden Rhythmus wechseln, spricht man von *gemischten Daktylen*.[1] Ihr Meister ist Heinrich von Morungen. Bei ihm verschmelzen die rhythmischen Möglichkeiten der beiden Taktarten zu höchster Kunst und Wirkung. Gegen die Bezeichnung ›Daktylen‹ für die mhd. Dreisilblertakte sind manche Einwände erhoben worden. Man kann an dem Terminus durchaus festhalten, muß allerdings die Eigenart der mhd. Daktylen gegenüber den meisten nhd. beachten. (Die von Heusler gebrauchten ahistorischen Begriffe ›Walzertakt‹ und ›Ländlertakt‹ sind aber in der Tat irreführend.) Das Schwereverhältnis der drei Silben entspricht beim mhd. Daktylus den Werten 3 – 2 – 1, während die meisten nhd. Daktylen das Schwereverhältnis 3 – 1 – 2 zeigen (vgl. Andreas Heusler, § 681; Ulrich Pretzel, Sp. 2436). Damit sind die mhd. Daktylen durchweg schwerer, gewichtiger, weniger tänzerisch bewegt als die nhd. Wenn Friedrich Gennrich die sog. mhd. Daktylen vom 3. Modus regularis her als ¾-Takt deutet (›Liedkontrafaktur . . .‹, Wiederabdruck, S. 365), so entspricht dieser in der Schwereabstufung, worauf Gennrich selbst hinweist, genau dem mhd. ›Daktylus‹ (♩. ♪ ♩): Hauptakzent auf dem 1.–3. Viertel, Nebenakzent auf dem 4. Viertel.

Spruchdichtung

Seit Karl *Simrock* (1802–1876) hat sich in der dt. Literatur- und auch Versgeschichte die Unterscheidung der mittelalterlichen Gattungen des Minnesangs und der *Spruchdichtung* und damit auch

---

[1] Friedrich Maurer hat zur Bezeichnung des Wechsels vom daktylischen zum alternierenden Rhythmus innerhalb einer Strophe (oder auch umgekehrt) den Terminus »rhythmischer Bruch« vorgeschlagen (›Rhythmische Gliederung und Gedankenführung bei Heinrich von Morungen‹, 1954). Gemeint ist damit die kunst- und wirkungsvolle Ablösung oder Unterbrechung einer rhythmischen Bewegung durch eine andere; es ist aber fraglich, ob dieser Ausdruck von der Vorstellung eines Zusammenbruchs des Rhythmus freigehalten werden kann, was seine Brauchbarkeit beeinträchtigt. Allerdings befriedigt auch die Bezeichnung ›gemischte Daktylen‹ nicht ganz. Besser ist die Bezeichnung ›gemischter Rhythmus‹.

von ›Lied‹ und ›Spruch‹ eingebürgert. Diese Unterscheidung ist unzureichend, aber noch nicht durch eine allgemein anerkannte, der geschichtlichen Vielfalt angemessenere, differenziertere ersetzt. Zu betonten ist, daß auch die sog. Sprüche gesungen worden sind (weshalb man die Bezeichnung Sangspruch-Dichtung verwenden kann; der gelegentlich ebenfalls gebrauchte Terminus ›Spruchlied‹ findet sich schon bei Simrock): Im münsterschen Bruchstück – dem nämlichen, aus dem wir die Melodie zu Walthers Palästinalied kennen – sind auch Melodiefragmente zu Walthers ›Sprüchen‹ 18, 15 ff. und 26, 3 ff. überliefert, und es gibt keinen Anhalt dafür, daß ›Lieder‹ und ›Sprüche‹ grundsätzlich verschieden gesungen worden seien. Man hat darum auch die Unterscheidung zwischen ›Lied‹ und ›Spruch‹ nicht auf eine unterschiedliche Vortragsweise gegründet, sondern darauf, daß das Minnelied prinzipiell mehrstrophig sei, der Spruch dagegen stets einstrophig. Dieses Unterscheidungskriterium kann aber allenfalls ganz grob gelten, da einstrophige Minnelieder nicht nur in der Frühphase des Minnesangs vorkommen, sondern auch noch im 13. Jh., und umgekehrt auch schon die ältere Forschung Mehrstrophigkeit in der Spruchlyrik nicht generell bestreiten konnte. Konsequent hat aber erst Friedrich *Maurer* die terminologischen und definitorischen Mißlichkeiten der Dichotomie ›Lied‹ – ›Spruch‹ zu überwinden versucht, indem er einen Unterschied zwischen Lied und Spruch, zunächst in der Dichtung Walthers von der Vogelweide, negiert: Er deutet die im gleichen *dōn* verfaßten Strophen Walthers als liedhafte Einheiten jeweils nicht nur metrisch-melodischer, sondern auch thematisch-inhaltlicher Art und spricht deshalb programmatisch von Walthers »politischen Liedern«. (Der Begriff ›politisch‹ ist allerdings für die Fülle der von Walther in diesen *dœnen* behandelten Themen zu eng, wenngleich die Einbeziehung der politischen Thematik Walthers eigentümliche Leistung innerhalb seiner ›Spruchdichtung‹ darstellt.) Während jedoch die Liebeslieder in der Regel zwischen drei und sechs Strophen umfassen, geht die Zahl der zu einem ›Spruch‹-Ton gehörenden Strophen z. T. erheblich über diese Zahlen hinaus. Im Wiener Hofton sind 13, im Unmutston gar 18 Strophen verfaßt. ›Lieder‹ dieses Umfangs gibt es in dieser Zeit nicht. Wenn von Reinmars von Zweter rund 300 Spruchstrophen fünf Sechstel auf den Frauen-Ehren-Ton entfallen, dann ist eine liedhafte Einheit selbstverständlich ausgeschlossen. Aber auch in Walthers Tönen ist die thematische Einheit nicht immer erweisbar, auch dann nicht, wenn man, wie es notwendig ist, nicht moderne Maßstäbe an die innere Einheit der Dichtung anlegt, sondern die inhaltlich lockerere, oft mehr assoziative Verknüpfung der Gedanken und Themen im mittelalterlichen Lied bedenkt. Auch daß die Entstehung eines *dōnes* (und das heißt nach Maurer: eines Liedes) sich u. U. nachweislich über mehrere Jahre erstreckt, vor allem aber, daß bei der Annahme liedhafter Einheit die Schlußpointe der einzelnen Strophen, die zu ihrer auf Wirkung und Effekt berechneten Anlage wesentlich hinzugehört, entwertet wird, ist gegen Maurers These geltend gemacht worden. Hingegen wird der Liedcharakter der drei Strophen im Reichston allgemein anerkannt. Es erscheint darum erforderlich, das Maß der Einheit innerhalb der *dœne* unterschiedlich zu bewerten. Bei den vielstrophigen *dœnen* kann man nicht von einer liedhaften Einheit sprechen, wohl aber mit bestimmten, größeren oder kleineren, festeren oder lockereren Gruppenbildungen innerhalb eines *dōnes* rechnen, die man allenfalls als Lieder auffassen kann. (Vgl. dazu die verschiedenen Arbeiten Hugo *Mosers*.)

Unabhängig von der hier nur angedeuteten Kontroverse lassen sich sichere Feststellungen über die Metrik der ›Spruchdichtung‹ treffen. Von der Spruchdichtung vor Walther wissen wir nur wenig. Wir kennen nur die Dichtungen Hergers und Spervogels. Sie verwenden jeweils nur einen *dōn*. Zur Hergerstrophe vgl. o., S. 102. Die *Spervogelstrophe* hat folgendes Schema:

$$
\begin{array}{l}
6\,\text{v. a} \\
6\,\text{v. a} \\
4\,\text{v. b} \\
4\,\text{v. b} \\
4\,\text{v. x} \mid 4\,\text{k. c} \\
4\,\text{v. x} \mid 4\,\text{k. c}
\end{array}
$$

Dagegen dichtet Walther in einer Mehrzahl von ›Spruch‹-Tönen, die im Anschluß an die Meistersinger seit Karl Simrock mit festen Namen bezeichnet werden (Reichston, Erster Philippston, Zweiter Philippston, Wiener Hofton, Ottenton usw.), und auch die späteren Spruchdichter kennen mehrere *dœne*. Seit und nach Walther herrscht auch in der Spruchdichtung der stollige Strophenbau vor (nicht stollig ist aber der Reichston). Durchweg sind diese Strophen umfangreicher, z. T. auch komplizierter gebaut als die (Minne-)Liedstrophen. Doch kann die Unterscheidung zwischen ›Lied‹ und ›Spruch‹ nicht auf metrisch-formalen Unterschieden aufgebaut werden, da sie, soweit überhaupt vorhanden, nicht charakteristisch oder gar gattungskonstitutiv sind.

Gegenüber ›Lied‹ und ›Spruch‹ nimmt die Form des Leiches eine Sonderstellung ein, insofern bei ihm nicht gleiche Teile, die Strophen, wiederkehren, sondern seine Abschnitte von ungleichem Umfang sind.

Das Wort ›Leich‹ gehört zur germ. Wurzel **laik-* und bedeutet ursprünglich ›Tanz, Spiel‹ (vgl. got. *laiks* ›Tanz‹, *laikan* ›tanzen, springen‹, mhd. *leichen* ›hüpfen‹). In ahd.Glossen steht *leih* meist für ›gespielte Weise‹.

Die ältere Forschung leitete den *Leich* aus der kirchlichen *Sequenz* ab, deren Ursprung sie in großen Zügen wie folgt darstellte: In der Liturgie schloß sich an das Graduale ein vom Chor gesungenes Alleluia an; dabei entfielen auf die einzelnen Silben lange Tonfolgen (z. B. 70 Töne auf das -a). Die textliche Ausgestaltung dieses Melismas führte im 9. Jh. zur Sequenz, wobei auf jeden Ton *eine* Silbe kam (syllabische Texte). Die Sequenz trägt ihren Namen eben deshalb, weil sie auf das Graduale folgt (lat. *sequi* ›folgen‹). Die erste Nachricht über Sequenzengesang stammt von Notker Poeta oder Balbulus († 912) aus St. Gallen. Er bezieht sich auf einen Flüchtling aus dem Kloster Jumièges bei Rouen, durch den Sequenzen mit Textunterlagen nach St. Gallen gebracht worden sind. Neben Jumièges ist nun u. a. gerade St. Gallen ein Zentrum des frühen Sequenzenschaffens. Notker hat seit etwa 860 bedeutende Sequenzentexte gedichtet. Es handelt sich bei der Sequenz zunächst um taktfreie, nichtmetrische Rezitative nach folgendem Schema:

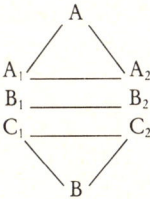

Zwischen einem (manchmal fehlenden) Eingangs- und Schlußteil (den der Gesamtchor singt) steht eine Folge von paarigen Gliedern, die sog. *Versikel*. Diese untereinander ungleichen Gruppen bestehen aus je zwei Hälften, deren erste der erste, deren zweite der zweite Halbchor singt. Man nennt diese Art von Wiederkehr *niedere Responsion*. Sehr früh tritt neben sie die *höhere Responsion*, die folgendes Schema veranschaulichen kann:

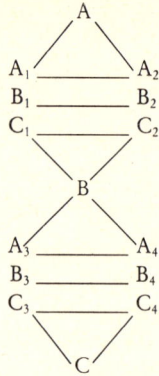

Bei ihr kehrt eine ganze paarige Gruppe rhythmisch und melodisch wieder und außer dem Eingangs- und Schlußsatz kann auch ein Mittelsatz vorhanden sein. Seit dem 11. Jh. dringen metrischer Zeitfall und Endreim in die Sequenz ein, und in dieser Form wurde sie im Prov. und Afrz. und eben auch im Deutschen nachgebildet. Am frühesten tritt die Form hier in der Marienlyrik auf. Ob es sich bei dem ›Arnsteiner Mariengebet‹ aus der Mitte des 12. Jh. wirklich um eine Sequenz bzw. einen Leich handelt – und damit um den ältesten Leich in dt. Sprache –, wie Friedrich *Maurer* meint, weshalb er diese Dichtung ›Arnsteiner Marienleich‹ nennt (Die religiösen Dichtungen des 11. und 12. Jahrhunderts, Bd. I, S. 433 ff.), ist fraglich. Die Deutung als Leich setzt voraus, daß die unregelmäßigen Abschnitte des ›Arnsteiner Mariengebets‹ repetierte Versikel sind, und gerade dies ist strittig. Dagegen liegen unbestreitbar Sequenzen vor in der Mariensequenz aus St. Lambrecht (oder Seckau), ca. 1160, und in der Mariensequenz aus Muri (spätes 12. Jh.). Der Bau der Mariensequenz aus Muri kann durch folgendes Schema veranschaulicht werden: A B_1B_2 C_1C_2 D_1D_2 E_1E_2 F_1F_2 G_1G_2 H_1H_2 I. (Die großen lat. Buchstaben bezeichnen die Versikel.) Die lineare Herleitung des Leiches aus der lat. Sequenz ist heute allgemein aufgegeben. Ein sicherer Ursprung der Form ist aber noch nicht erwiesen. Die Annahme einer gemeinsamen vorliterarischen Wurzel für die Sequenz und die volkssprachigen Formen dürfte richtig sein, ist indes noch zu unbestimmt. Keltisch-irische Einflüsse werden erwogen.

Auf jeden Fall geht dem dt. Leich der prov. /frz. *Lai* voraus. Die frz. Verfasser nennen ihre Lais auch *Descort* (< lat. *discordia*, was an sich von der Form her zu verstehen ist, aber symbolisch ausgedeutet wird auf die zerrissene Lage des unglücklich Liebenden). Zur Formgruppe der Sequenz und des Lai (Descort)/Leichs gehört auch die *Estampie,* gleichsam ein instrumentaler (meist auf der Fiedel gespielter) und getanzter, oft jedoch auch mit einem Text versehener Lai. Im einzelnen sind die Bauformen der Leiche überaus kompliziert und mannigfaltig. (In Übereinstimmung mit Hans Spanke und Karl Heinrich Bertau kann man auch die künstliche Pluralform ›Leichs‹ verwenden, die lästige Assoziationen vermeidet.) Wesensprägend ist immer, daß ungleiche Formeinheiten, die Versikel, die meist paarig gestaltet sind, einmal oder mehrfach metrisch und musikalisch wiederkehren, wobei die metrischen und die musikalischen Einheiten sich nicht decken müssen, in einfachster Form also: AA BB CC . . . oder: AA BB CC . . . A_1A_1 B_1B_1 C_1C_1 . . . oder mit Einzelversikeln im Eingangs-, Mittel- und Schlußteil: A BB CC . . .M B_1B_1 C_1C_1 . . .Z u. a. Der Umfang der Versikel ist sehr verschieden. Vier- bis achtzeilige Versikel sind relativ häufig; doch kommen einerseits auch Zweizeiler vor, während andererseits in Frauenlobs Marienleich die Länge der Versikel auf 34, 38, ja sogar 46 Verse anwächst.

Die Themen der Leiche sind, wie die des Liedes, die Minne und religiöse Motive. Grundsätzliche formale Unterschiede zwischen beiden Arten sind nicht zu beobachten. Bereits die beiden ersten dt. Leiche im ausgehenden 12. Jh. entfalten diese unterschiedliche Thematik: Heinrich von Rugge schafft, etwa gleichzeitig mit der Mariensequenz aus Muri, den ersten religiösen Leich (speziell als Kreuzleich), Ulrich von Gutenburg den ersten Minneleich. Spätere religiöse Leiche stammen von Walther von der Vogelweide, Reinmar von Zweter, Konrad von Würzburg, Hermann dem Damen und Frauenlob; von den zahlreicheren Minneleichen seien diejenigen von Otto von Botenlauben, Ulrich von Lichtenstein, des Tannhäusers, Ulrichs von Winterstetten und des Heinrich von Sax (als sog. Tanzleiche), Konrads von Würzburg, des von Gliers, Rudolfs von Rotenburg, Hadloubs, des Wilden Alexander und wiederum Heinrichs von Meißen, also Frauenlobs, genannt.

Literatur:

Die Literatur zur mhd. Lyrik ist außerordentlich umfangreich. Insbesondere die fast unübersehbar zahlreichen Arbeiten zu einzelnen Dichtern und einzelnen Dichtungen können hier nicht aufgeführt werden. Es sei dafür auf die Bibliographien in den genannten Werken verwiesen, für die große Zahl von Beiträgen von seiten der Musikwissenschaft namentlich auf die ausführlichen Literaturangaben bei Ronald J. *Taylor*, Die Melodien der weltlichen Lieder des Mittelalters, Bd. 1 (= SM. 34).

Kurt *Plenio*: Über die sogenannte Dreiteiligkeit und Zweiteiligkeit in der mittelhochdeutschen Strophik, in: Arch., 71. Jg., 136. Bd., 1917, S. 16–23.

Ders.: Bausteine zur altdeutschen Strophik. Mit einem Geleitwort von Ulrich Pretzel, 1971 (= Libelli, Bd. 294) [unveränderter Nachdruck von Aufsätzen Plenios aus Beitr. 42 u. 43, 1917 und 1918].

Günther *Müller*: Studien zum Formproblem des Minnesangs, in: DVjs. 1, 1923, S. 61–103; wieder abgedruckt in: G. M., Morphologische Poetik. Gesammelte Aufsätze, 1968, S. 3–45.

Friedrich *Gennrich*: Grundriß einer Formenlehre des mittelalterlichen Liedes als Grundlage einer musikalischen Formenlehre des Liedes, 1932, 2., unveränderte Aufl. 1970.

Ders.: Die musikalischen Formen des mittelalterlichen Liedes, in: DU 11, 1959, H. 2, S. 60–80.

Ders.: Liedkontrafaktur in mhd. und ahd. Zeit, in: WdF, Bd. 15, ⁵1972, S. 330–377 (überarbeitete Fassung aus ZfdA 82, 1948/50).

Ders.: Die Kontrafaktur im Liedschaffen des Mittelalters, 1965 (= Summa Musicae Medii Aevi, Bd. 12).

Helmut *de Boor*: Zur Lehre von der metrischen Brechung in der mittelhochdeutschen Lyrik, in: Festschrift Theodor Siebs, 1933 (= Germanistische Abhandlungen, H. 67), S. 49–68; wieder abgedruckt in: H. d. B., Kleine Schriften, Bd. 2, 1966, S. 267–282.

Ders.: Langzeilen und lange Zeilen in Minnesangs Frühling, in: ZfdPh 58, 1933, S. 1–49; wieder abgedruckt in: H. d. B., Kleine Schriften, Bd. 2, 1966, S. 283–329.

Ludwig *Wolff*: Von der lyrischen Bedeutung der Strophenform bei Walther von der Vogelweide, in: Neuphil. Mitt. 53, 1952, S. 338–361.

Wolfgang *Mohr*: Zur Form des mittelalterlichen Deutschen Strophenliedes. Fragen und Aufgaben, in: DU 5, 1953, H. 2, S. 62–82; wieder abgedruckt in: WdF, Bd. 15, ⁵1972, S. 229–254.

Friedrich *Maurer*: Rhythmische Gliederung und Gedankenführung bei Heinrich von Morungen, in: Festschrift für Jost Trier, 1954, S. 163–172; wieder abgedruckt in: F. M., Dichtung und Sprache des Mittelalters. Gesammelte Aufsätze, 1963, ²1971, S. 95–103.

Ders.: Sprachliche und musikalische Bauformen des deutschen Minnesangs um 1200, in: Poetica 1, 1967, S. 462–482; wieder abgedruckt in: F. M., Dichtung und Sprache des Mittelalters. [. . .], ²1971, S. 375–397.

Karl-Heinz *Schirmer*: Die Strophik Walthers von der Vogelweide. Ein

Beitrag zu den Aufbauprinzipien in der lyrischen Dichtung des Hochmittelalters, 1956.

Ders.: Zum Aufbau des hochmittelalterlichen deutschen Strophenliedes, in: DU 11, 1959, H. 2, S. 35–59; wieder abgedruckt in: Walther von der Vogelweide, hg. von Siegfried Beyschlag (= WdF, Bd. 112), 1971, S. 608–644.

Ders.: Nochmals zur Kadenzwertung in der Lyrik Walthers von der Vogelweide, in: ZfdPh 90, 1971, Sonderheft, S. 18–46.

Ursula *Aarburg*: Melodien zum frühen deutschen Minnesang. Eine kritische Bestandsaufnahme, in: WdF, Bd. 15, ⁵1972, S. 378–423 (überarbeitete Fassung aus ZfdA 87, 1956/57).

Dies.: Probleme um die Melodien des Minnesangs, in: DU 19, 1967, H. 2, S. 98–118.

Burkhard Kippenberg: Der Rhythmus im Minnesang. Eine Kritik der literar- und musikwissenschaftlichen Forschung. Mit einer Übersicht über die musikalischen Quellen, 1962 (= MTU, Bd. 3).

Ronald J. *Taylor*: Die Melodien der weltlichen Lieder des Mittelalters, 2 Bde, 1964 (= SM. 34 und 35).

A. H. *Touber*: Zur Einheit von Wort und Weise im Minnesang, in: ZfdA 93, 1964, S. 313–320.

Ders.: Deutsche Strophenformen des Mittelalters, 1975 (= Repertorien zur Deutschen Literaturgeschichte, Bd. 6). [Dazu Gisela *Kornrumpf*, Beitr. 99 (Tüb.), 1977, S. 313–321.]

Martha *Heeder*: Ornamentale Bauformen in hochmittelalterlicher deutschsprachiger Lyrik, Diss. Tübingen, 1966.

Helmut *Lomnitzer*: Zur wechselseitigen Erhellung von Text- und Melodiekritik mittelalterlicher deutscher Lyrik, in: Probleme mittelalterlicher Überlieferung und Textkritik. Oxforder Colloquium 1966, hg. von Peter F. Ganz und Werner Schröder, 1968, S. 118–144; wieder abgedruckt in: WdF, Bd. 154, 1972, S. 325–360.

Helmut *Tervooren*: Metrik und Textkritik. Eine Untersuchung zum dreisilbigen Takt in »Des Minnesangs Frühling«, in: ZfdPh 87, 1968, Sonderheft, S. 14–34.

Wilfried *Seibicke*: Zur metrischen Analyse mittelhochdeutscher Sangversstrophen, in: ABÄG 3, 1972, S. 77–126.

Gerhard A. *Vogt*: Studien zur Verseingangsgestaltung in der deutschen Lyrik des Hochmittelalters, 1974 (= GAG, Nr. 118).

Silvia *Ranawake*: Höfische Strophenkunst. Vergleichende Untersuchungen zur Formentypologie von Minnesang und Trouvèrelied an der Wende zum Spätmittelalter, 1976 (= MTU, Bd. 51).

Hans-Herbert S. *Räkel*: Metrik und Rhythmus in der deutschen und französischen Lyrik am Ende des 12. Jahrhunderts, in: Akten des V. Internationalen Germanisten-Kongresses Cambridge 1975, H. 2 (= JbIG. Reihe A, Kongreßberichte, Bd. 2), 1976, S. 340–349.

Angelika *Manyoni*: Langzeilentradition in Walthers Lyrik, 1980 (= Germanic Studies in America, No. 37).

Ausgaben von Melodien zur mhd. Lyrik:

Ursula *Aarburg*: Singweisen zur Liebeslyrik der deutschen Frühe, 1956 (= Beiheft zu Hennig Brinkmann, Liebeslyrik der deutschen Frühe).

Ewald *Jammers*: Ausgewählte Melodien des Minnesangs. Einführung, Erläuterungen und Übertragung, 1963 (= ATB, Ergänzungsreihe. 1).

Ders. (unter Mitarbeit von Hellmut *Salowsky*): Die sangbaren Melodien zu Dichtungen der Manessischen Liederhandschrift, 1979.

Ronald J. *Taylor*: Die Melodien der weltlichen Lieder des Mittelalters, Bd. 2: Melodienband, 1964 (= SM. 35).

Ders.: The Art of the Minnesinger. Songs of the Thirteenth Century transcribed and edited with textual and musical Commentaries, 2 Bde, 1968.

Hugo *Moser* und Joseph *Müller-Blattau*: Deutsche Lieder des Mittelalters. Von Walther von der Vogelweide bis zum Lochamer Liederbuch. Texte und Melodien, 1968.

Zur Spruchdichtung:

Friedrich *Maurer*: Die politischen Lieder Walthers von der Vogelweide, 1954, ³1972.

Ders.: Walthers ›Sprüche‹, in: WW, 3. Sonderheft, 1961, S. 51–67; wieder abgedruckt in: F. M., Dichtung und Sprache des Mittelalters. Gesammelte Aufsätze, 1963, ²1971, S. 137–156, und in: WdF, Bd. 154, 1972, S. 146–171.

Hugo *Moser*: Minnesang und Spruchdichtung? Über die Arten der hochmittelalterlichen deutschen Lyrik, in: Euph. 50, 1956, S. 370–387.

Ders.: Die hochmittelalterliche deutsche ›Spruchdichtung‹ als übernationale und nationale Erscheinung, in: ZfdPh 76, 1957, S. 241–268; wieder abgedruckt in: WdF, Bd. 154, 1972, S. 405–440.

Ders.: ›Sprüche‹ oder ›politische Lieder‹ Walthers?, in: Euph. 52, 1958, S. 229–246.

Ders.: ›Lied‹ und ›Spruch‹ in der hochmittelalterlichen deutschen Dichtung, in: WW, 3. Sonderheft, 1961, S. 82–97; wieder abgedruckt in: WdF, Bd. 154, 1972, S. 180–204.

Ders.: Die ›Sprüche‹ Hergers. Artzugehörigkeit und Gruppenbildung, in: Festschrift für Jost Trier, 1964, S. 284–303.

Kurt *Ruh*: Mittelhochdeutsche Spruchdichtung als gattungsgeschichtliches Problem, in: DVjs. 42, 1968, S. 309–324; wieder abgedruckt in: WdF, Bd. 154, 1972, S. 205–226.

Daniel *Rocher*: Critères formels et différence spirituelle du *Spruch* et du *Lied* chez Walther von der Vogelweide, in: Mélanges pour Jean Fourquet. [. . .], 1969, S. 309–322.

Helmut *Tervooren*: »Spruch« und »Lied«. Ein Forschungsbericht, in: WdF, Bd. 154, 1972, S. 1–25.

Erdmute *Pickerodt-Uthleb*: Die Jenaer Liederhandschrift. Metrische und musikalische Untersuchungen, 1975 (= GAG, Nr. 99).

Bernd *Niles*: Zur Diskussion um die Einheit der Spruchtöne Walthers, in: ZfdPh 98, 1979, Sonderheft: Aus der Werkstatt deutscher Literatur- und Sprachwissenschaft. Festgabe für Hugo Moser, S. 61–76.

Martin *Liechtenhan*: Die Strophengruppen Hergers im Urteil der Forschung. Eine wissenschaftsgeschichtliche Untersuchung zu den »Sprüchen« im älteren »Spervogelton«, 1980.

Zum Leich:

Hugo *Kuhn*: Minnesangs Wende, 1952, [2]1967 (= Hermaea. N. F. 1).

Ders.: Leich, in: RL Bd. 2, [2]1965, S. 39–42.

Ursula *Aarburg*: Lai, Leich, in: MGG, Bd. 8, 1960, Sp. 81–87.

Helmut *de Boor*: Die deutsche Literatur im späten Mittelalter. Zerfall und Neubeginn. Erster Teil, 1962, [4]1973 (= H. d. B. und Richard Newald, Geschichte der deutschen Literatur von den Anfängen bis zur Gegenwart, Bd. III, 1), S. 356–369.

Karl Heinrich *Bertau*: Sangverslyrik. Über Gestalt und Geschichtlichkeit mittelhochdeutscher Lyrik am Beispiel des Leichs, 1964 (= Palaestra, Bd. 240).

Hans *Spanke*: Studien zu Sequenz, Lai und Leich. Ausgewählt von Ursula Aarburg, 1977 [unveränderter Nachdruck von acht Aufsätzen Spankes aus den Jahren 1931 bis 1941].

Weitere Untersuchungen zur Metrik der mhd. lyrischen Dichtung: Aufriß, Bd. III, [2]1962, Sp. 2532 ff.

8. Kapitel

Der deutsche Vers im ausgehenden Mittelalter und in der frühen Neuzeit – ein Ausblick

In den letzten Kapiteln war gelegentlich von metrischen Erscheinungen des späteren und des ausgehenden Mittelalters die Rede. Das Gesamtbild, das der dt. Vers damals bietet, ist indes mit diesen wenigen Hinweisen nicht angemessen zu kennzeichnen, vielmehr bedarf es dazu eigener Ausführungen. Überblickt man die Eigenart des dt. Verses in jener Zeit, in der nach der herkömmlichen Periodisierung das Mittelalter von der Neuzeit abgelöst wird – also etwa, um eine runde Jahreszahl zu nennen, um das Jahr 1500 –, dann zeigt sich, daß diese traditionelle Scheide keine wirklich epochale Zäsur in der dt. Versgeschichte markiert, auch wenn man von vornherein keine scharfe Grenzlinie zwischen den beiden Perioden ansetzt, sondern mit einer mehr oder weniger langen Phase des Übergangs rechnet. (Ein Epochenjahr ersten Ranges ist dagegen das Jahr 1624, in dem Martin Opitz sein »Buch von der Deutschen Poeterey« veröffentlichte.) So hat denn auch schon Andreas *Heusler* den gesamten ›frühneudeutschen‹ Zeitraum, vom beginnenden 14. bis zum beginnenden 17. Jh., als eine eigenständige Periode der dt. Versgeschichte neben der ›altdeutschen‹ einerseits und der ›neudeutschen‹ andererseits unterschieden (die entsprechende Darstellung im Bd. III seiner »Deutschen Versgeschichte« in den §§ 841–919 = S. 1–60). Die charakteristischen versgeschichtlichen Erscheinungen des ausgehenden Mittelalters und der frühen Neuzeit, insbesondere des 15. und des 16. Jh., gehören eben so eng zusammen, daß sie sich nicht einfach epochal trennen oder aufteilen lassen. Dabei sind allerdings die Verknüpfungen mit der Tradition des mittelalterlichen Verses, aufs Ganze gesehen, stärker als die in die Zukunft weisenden Entwicklungen. Gerade das rechtfertigt es, diese Jahrhunderte wenigstens in Form eines Ausblicks noch in eine Darstellung der altdeutschen Metrik einzubeziehen. Wenig ergiebig wäre für diese Orientierung die historisch-diachrone Betrachtungsweise. Den Überblick ermöglicht eher eine (im vorgegebenen Rahmen freilich auf einige Erscheinungen beschränkte) systematische Gliederung, für die wiederum die Unterscheidung von gesungenen und gesprochenen Versen zweckmäßig ist – ein Prinzip, dem bereits Andreas Heusler in seiner Darstellung des ›frühneudeutschen‹ Verses folgte.

1. Sangverslyrik

a) Die Formenfülle, die zur mhd. Lyrik gehört, setzt sich im *Meistersang* fort, dessen Hoch-Zeit das 15. und 16. Jh. ist. Aber in ihm wird der metrische Reichtum normiert und reglementiert; überdies dominiert im Meistersang die Musik eindeutig und einseitig über den Text, die Sprache. »Entscheidend bleibt [. . .] die Herrschaft der musikalischen Form, die weithin einer Überwältigung der Sprache gleichkommt« (Bert Nagel, SM. 12, S. 82). Historisch gesehen, ist die Musik der Meistersinger sowohl mit der des Minnesangs als auch mit der Gregorianik verbunden (Heinrich Husmann). Daß der Meistersang zwar metrisch und musikalisch an den Minnesang anknüpft, aber nicht seinem Wesen nach, muß nachdrücklich hervorgehoben werden. Das Meistersingerlied wurde einstimmig und ohne Instrumentalbegleitung vorgetragen. Die Melodieüberlieferung zu den Meistersingerliedern ist weitaus reichhaltiger als beim Minnesang; da die Melodien besonders in der Frühzeit des Meistersangs jedoch noch in Choralnoten aufgezeichnet sind, geben sie über den Rhythmus wiederum keinen Aufschluß und bedürfen der Interpretation.

Die meistersingerlichen Regeln über Versbau, Reime, Sprache, musikalische Form, Vortrag und Inhalt der Lieder waren in den *Tabulaturen* zusammengefaßt. Über die Einhaltung der Regeln wachten die gewählten *Merker*, sozusagen künstlerische Zensoren, meist vier an der Zahl.

Das Meistersingerlied, der *Bar*, besteht aus mindestens drei Strophen. Eine größere Strophenzahl ist oft ein Mehrfaches von drei, doch kommen daneben besonders auch fünf- und siebenstrophige Lieder vor. Der Bar ist durchweg gleichstrophig. Als besonderes Meisterstück kennen die Meistersinger aber auch ein drei- bis siebenstrophiges Lied, in welchem der Ton von Strophe zu Strophe wechselt (ein sog. *Hort*). Die Strophe, das *Gesätz*, ist in der Regel stollig gebaut und zeigt meistens Stollenreprise, indem am Ende des Abgesangs der ganze Stollen oder wenigstens ein Teil von ihm wiederholt wird, entweder nur musikalisch oder auch metrisch. Diese Form des Liedes bezeichnen wir als *Reprisenbar*. Seine Grundform, zu der es mancherlei Variationen gibt, kann durch das Schema AA ‖ BA veranschaulicht werden.

Das frnhd. *gesetz* ›Strophe‹ suchten Germanisten wie Karl Lachmann und Ludwig Uhland ohne nachhaltigen Erfolg wiederzubeleben. Außerhalb von Arbeiten über den Meistersang wird es heute auch in der Fachwissenschaft selten gebraucht.

Die Gesätze sind häufig recht umfangreich; in den sog. überlangen Tönen können sie 100 und noch mehr Verse umfassen. Ihnen stehen die überkurzen Töne gegenüber, doch wird die Zahl von nur drei Versen – beim stolligen Strophenbau das theoretische Minimum – kaum erreicht. Für den Meistersingervers ist die Silbenzahl maßgebend. Als obere Grenze werden später 13 Silben festgesetzt. Um die starre Silbenzahl der Verse einhalten zu können, waren die Meistersinger zu zahlreichen Wortverkürzungen (durch Elision, Aphärese, Apokope usw.) und Wortverlängerungen (Anfügung eines ›e‹ am Wortende [paragogisches ›e‹], z.B. *schulde* statt *schuld, er bate* statt *er bat*) genötigt. Das System der Silbenzählung, das hier als grundlegend für den Vers gilt, ist ein Novum in der dt. Versgeschichte. Kontrovers sind die Antworten auf die Frage, wie der Meistersingervers zu rhythmisieren ist. Überwiegend, etwa von so einflußreichen Metrikern wie Andreas *Heusler*, Wolfgang *Kayser* und Ulrich *Pretzel*, wird die Ansicht vertreten, daß im Meistersang das Prinzip der Alternation geherrscht habe, und zwar als Folge eines streng jambischen Versgangs mit einsilbigem Auftakt. Diese durchgehende Alternation mußte zu häufigen Verletzungen des natürlichen Sprachakzents, teilweise zu schweren Tonbeugungen führen, die jedoch im Gesangsvortrag wahrscheinlich nicht so stark hervorgetreten sind, wie wir sie aufgrund unserer Gewohnheit und unseres Geschmacks beim Sprechvortrag empfinden. Demnach wäre also z.B. zu rhythmisieren:

> ,Gotlíche líb ist méchtig gáncz
> krefftíg vnd dárzw stárck   (Hans Sachs, 1516).

Gerade neuerdings ist jedoch auch wieder die entgegengesetzte Auffassung verfochten worden, daß dem Meistersingervers kein streng jambisch-alternierender Versgang mit der Konsequenz sinnwidriger Betonungen eigne, daß vielmehr ›natürlich‹ betont worden sei (vgl. den Aufsatz von Hans-Jürgen Schlütter, Euph. 60, 1966). Vermittelnd ist der Standpunkt Bert Nagels, der einen wichtigen Aspekt hervorhebt, daß nämlich der Streit über die konträren Möglichkeiten der Rhythmisierung der Meistersingerverse »gegenstandslos« sei, »da es sich praktisch niemals um gesprochene, sondern immer nur um gesungene Verse handelte« (SM. 12, S. 82), und Sprache könne »nicht eigentlich gebeugt werden, wenn sie als Bestandteil eines musikalischen Gebildes gar nicht reine Sprache ist« (S. 82 f.).
Die Formkunst des Meistersangs beruht nicht zuletzt darauf,

daß er Reimkunst ist (weshalb auch die Mehrzahl der Vorschriften der Tabulaturen Reimregeln sind und Reimverstöße als besonders gravierende Fehler galten). Die Reimtechnik war außerordentlich kunstvoll (und künstlich), und mit ihrer Freude am raffinierten Spiel (auch Versteckspiel!) mit Reimen übertrafen die Meistersinger noch die späthöfischen Lied- und Spruchdichter. Es kann nicht verwundern, daß manche Reimbindungen gesucht oder gezwungen wirken. Und selbst für einen so gewandten Reimer wie Hans Sachs hat man festgestellt: »Seine Sorgfalt ist ungleich, so daß wir neben den tadellosen Reimen, die fast die Regel sind, verpfuschte Reime finden« (Eugen Geiger, S. 19f.).

Bis um die Wende vom 15. zum 16. Jh. galt die Bestimmung, daß nur die »alten« Töne der zwölf Meister gesungen, keine »neuen« erfunden werden durften. (Als die zwölf alten Meister werden – mit einigen Abweichungen – genannt: Reinmar, Walther, Neidhart, Wolfram; Konrad von Würzburg, Boppe, der Marner, Regenbogen, Frauenlob, Friedrich von Sunnburg, der »Erenbote«, d.i. Reinmar von Zweter, Bruder Wernher. Von den in anderen Zwölferlisten erscheinenden alten Meistern ist besonders Heinrich von Mügeln wichtig.) Diese Reglementierung wurde freilich nie strikt eingehalten, d.h. sie wurde umgangen, indem man – »zur künstlerischen Legitimation« (Bert Nagel, SM. 12, S. 71) – einen eigenen Ton einem der alten Meister zuschrieb. Nach weitverbreiteter, hauptsächlich von Karl *Goedeke* begründeter Auffassung hat es dann im späteren 15. Jh. eine ›Meistersangsreform‹ gegeben, indem der aus Worms stammende, seit den siebziger Jahren in Nürnberg ansässige Hans Folz († vor 1515) durchsetzte, daß auch »neue« Töne komponiert und vorgetragen werden durften. Es wurde in diesem sog. reformierten Meistersang sogar verpflichtend, daß nur der ein Meister werden konnte, der einen eigenen Ton erfunden hatte (was die Künstlichkeit der Formen noch steigerte). Die These von der Meistersangsreform durch Hans Folz ist in jüngerer Zeit namentlich von Christoph *Petzsch* revidiert oder doch relativiert worden (Beitr. 88 [Tüb.], 1967). Danach handelt es sich nicht etwa um eine generelle Reform, vielmehr ist Folz nur der Wortführer von Meistersingern, die sich gegen »Kunstlose« und Unfähige wandten.

b) Man tut gut daran, terminologisch zwischen dem geistlichen Lied im Allgemeinen (d.h. einem Lied, das einen geistlichen Inhalt hat) und dem Kirchenlied im Besonderen zu unterscheiden. Das *Kirchenlied* im eigentlichen Sinne ist das von der Gemeinde während des Gottesdienstes, innerhalb oder außerhalb der Kirche, gesungene Lied in der Landessprache. Die Reformation und vorab das Wirken und Schaffen Martin Luthers hat dem Kirchenlied einen starken Auftrieb gegeben, ja erst die Reformation hat das Kirchenlied zum festen Bestandteil der Liturgie erhoben.

Die ersten protestantischen Gesangbücher erschienen bereits 1524. Das erste katholische folgte 13 Jahre später; sein Herausgeber ist Michael Vehe. Wichtiger geworden ist dann das katholische Gesangbuch von Johann Leisentritt (1. Auflage 1567). Als Dichter evangelischer Kirchenlieder ist natürlich Martin Luther (1483–1546) an erster Stelle zu nennen, wobei die Mehrzahl seiner 36 oder 37 Lieder Verdeutschungen und Bearbeitungen von Vorlagen – Psalmen, Hymnen, Leisen (vgl. unten) – sind. Zu seinen freien Schöpfungen gehört sein frühes Lied *Nu frewt euch lieben Christen gmeyn*. Als der bedeutendste protestantische Kirchenlieddichter des 16. Jh. neben Luther gilt der sehr produktive Michael Weisse (um 1488–1534).

Sosehr das Kirchenlied von der Reformation befruchtet worden ist, so hat doch auch das evangelische Kirchenlied ältere Wurzeln und steht in einer mittelalterlichen Tradition. Vom Volk gesungene geistliche Lieder – und das heißt eben Kirchenlieder oder zumindest ihre Vorstufen – werden uns erst seit dem 14. Jh. greifbar, wenngleich es sie, in begrenztem Maße, sicher schon früher gegeben hat. Zu ihnen gehört zunächst der *Leis* (nach dem griechischen *Kyrie eleison* = »Herr, erbarme dich«). Die Leisen haben sich aus der lat. Litanei entwickelt, aus den *Kyrie-eleison-* und *Christe-eleison*-Rufen des Volkes bei geistlichen Umzügen und Fahrten (Prozessionen, Wallfahrten); man denke in diesem Zusammenhang auch bereits an das ahd. Petruslied aus der zweiten Hälfte des 9. Jh. Die kurzen Rufe werden dann auch in die Volkssprache umgesetzt und schließlich textlich erweitert. Die im Spätmittelalter niedergeschriebenen Leisen haben vornehmlich die Form der einfachen vierzeiligen Strophe und häufig Refrain. Als Vertreter der Leisen seien Pilger- und Geißlerlieder erwähnt. Weitere Quellen des sangbaren und gesungenen volkstümlichen geistlichen Liedes, das bereits im ausgehenden Mittelalter gelegentlich als Gemeindegesang im Rahmen der Liturgie und somit als Kirchenlied verwendet werden konnte, sind die Übersetzungen lat. Hymnen und Sequenzen, besonders aber geistliche Neutextierungen weltlicher Lieder unter Beibehaltung der Melodie, also Kontrafakturen, so namentlich durch Heinrich von Laufenberg († 1460).

Im Vers- und Strophenbau bietet das Kirchenlied der frühen Neuzeit ein vielfältiges Bild. Es gibt Lieder, deren Verse wie die des Meistersingerliedes auf dem Prinzip der Silbenzählung und der Alternation aufgebaut sind, aber auch solche, die eine freiere Versgestaltung (fakultativen Auftakt, Senkungsfreiheit) aufweisen.

Vierhebige Verse überwiegen bei weitem. Die einzelne Strophe ist durchweg weniger umfangreich als beim Bar, doch neigen viele Dichter dazu, Lieder mit einer außergewöhnlich großen Strophenzahl zu verfassen (von denen die Ausgaben in späteren Gesangbüchern oft nur eine Auswahl enthalten). Am verbreitetsten sind sechs- und achtzeilige Strophen, gefolgt von vierzeiligen (z. T. in der Nachfolge der ambrosianischen Hymnenstrophe), so daß geradzeilige Strophen vorherrschen. Beliebt ist jedoch auch die stollig gebaute siebenzeilige Strophe, die sog. *Lutherstrophe*, für die Luther mit Chorälen wie *Aus tieffer not schrey ich zu dyr* das Vorbild abgegeben hat. Bei dem Urteil über die Formkunst des Kirchenliedes muß man sich immer gegenwärtig halten, daß den meisten Verfassern der Inhalt, die Aussage wichtiger war als die formkünstlerische Gestaltung.

c) Die dritte Art der Sangverslyrik im ausgehenden Mittelalter und besonders in der Neuzeit pflegt man als *Volkslied* zu bezeichnen. Indes ist dieser von Herder geprägte Begriff für die hier behandelte Zeit problematisch. Viele lyrische Gebilde, die aus dem 15. und 16. Jh. überliefert sind, darunter in großen handschriftlichen und später auch gedruckten Liedersammlungen, sind eher unter dem Begriff des (städtischen) Gesellschaftsliedes zu fassen, dessen Träger das adlige Patriziat und das kulturell beflissene Bürgertum, also lediglich die Oberschicht, ist. In dem »Ambraser Liederbuch« aus dem Jahre 1582 überwiegen dann freilich schon Lieder, denen die gängige Bezeichnung ›Volkslied‹ eher gerecht wird. Im Rahmen der vorliegenden knappen Zusammenfassung metrischer Aspekte ist eine Erörterung der Gattungsproblematik des Volksliedes nicht möglich. Wir folgen in der Verwendung des Begriffs ›Volkslied‹ der üblichen Terminologie, ohne auf die Frage der zeitlichen und sachlichen Abgrenzung des Volksliedes gegenüber anderen ›Gattungen‹ einzugehen.

Innerhalb der kontemporären gesungenen Lyrik im Übergang vom Mittelalter zur Neuzeit stellen das Lied der Meistersinger und das Volkslied die größten Gegensätze dar. Aber die verbreitete Vorstellung von der generellen Simplizität und Schlichtheit der Form des Volksliedes entspricht doch nicht der Fülle seiner Erscheinungen (vgl. dazu den Beitrag von Dietz-Rüdiger *Moser* im ›Handbuch des Volksliedes‹, Bd. II, der auch für die folgenden Ausführungen hauptsächlich herangezogen worden ist, weil er die in älteren Darstellungen vielfach begegnenden Auffassungen aufgrund neuerer Untersuchungen korrigiert oder modifiziert). Einfach sind gewiß (aber auch nur) die Bauelemente des Volkslieds, von großer Mannigfaltigkeit dagegen die Möglichkeiten ihrer

Zusammenfügung (D.-R. Moser, S. 114). Ein weiterer Irrtum der früheren Forschung war es, die Aussagen über Versstruktur und Strophenbau des Volksliedes auf normalisierende und normierende gedruckte Ausgaben zu gründen. Doch »gedruckte Liedniederschrift und gesungene Liedwirklichkeit« stimmen meist nicht überein (D.-R. Moser, S. 113), und das dürfte auch schon für das Volkslied der frühen Neuzeit gelten.

Bausteine der Volksliedstrophen sind ebensowohl Langzeilen wie Kurzverse, die des öfteren auch in einer Strophe miteinander verbunden sind. Von besonderer Bedeutung für den Strophenbau des Volkslieds ist der *Kehrreim* (der *Refrain*). Wie nicht anders zu erwarten, ist die Wiederholung eines Verses (unter Umständen auch nur eines Teils des Verses) oder mehrerer Verse jeweils am Ende der Strophe am verbreitetsten. Es kommt aber z. B. auch vor, daß der Refrain nicht dem unterschiedlichen Text der Strophen folgt, sondern diesem vorausgeht, also am Strophenanfang steht, ein sog. *Gegenkehrreim*. Vielfach sind Kehrreime verschiedener Art in einer Strophe miteinander kombiniert. Die Zahl der für das Volkslied typischen Strophenformen ist sehr hoch; vgl. dazu außer der älteren Arbeit von Gerhard Pohl neuerdings die Übersicht von D.-R. Moser, S. 135–168, und das fundamentale Werk von Horst Joachim Frank, Handbuch der deutschen Strophenformen, 1980. Am häufigsten sind im Volkslied vierzeilige und sechszeilige Strophen. Als eine Ausprägung des Sechszeilers sei wenigstens die Schweifreimstrophe mit der Reimstellung aab ccb und freier Kadenzgestaltung genannt. Oft treten auch fünfzeilige Strophen auf, etwa in der Form der Lindenschmidtstrophe (vgl. o., S. 94).

Geradezu ›gattungscharakteristisch‹ für das Volkslied ist in formaler Hinsicht die großzügig-unbekümmerte Sprachbehandlung: der Zwang, Silben, Wörter und Sätze »in enge metrisch-rhythmische Schemata zu bringen, ist eine der häufigsten Ursachen für die Veränderung des normalen Satz- und Wortgefüges, die im Volkslied weiter geht als auf allen sonstigen Gebieten« (D.-R. Moser, S. 130). Zum Beispiel sind Wortverkürzungen und Wortverlängerungen im Volkslied nicht weniger üblich als im Meistersang, wenngleich aus einem anderen Antrieb. Die metrischen Freiheiten erstrecken sich auf die drei Versgegenden, also den Verseingang, dem kaum eine feste Auftaktregelung eignet, auf die Innentakte – wo einsilbige Senkung selten ist, die Auflösung der Hebung und der Senkung dagegen recht häufig – und den Versausgang mit Kadenzwechsel als gängiger Erscheinung. Hinsichtlich der lautlichen Übereinstimmung der Versausgänge, d. h. der Reinheit der Reime, bleibt das Volkslied weit hinter den Anforderungen zurück, die sich in der dt. Lyrik des Mittelalters im Zuge ihrer geschichtlichen Entfaltung herausgebildet haben, und ebensosehr unterscheidet es sich von dem Meistersang, der ja immer Reimkunst ist. Es begegnen im Volkslied Reimbindungen, die in ihrer ›Dissonanz‹ an die frmhd. Zeit erinnern.

2. Gesprochene Verse

Der paarweise gereimte vierhebige Vers, der, abgesehen von der Heldenepik, in der gesamten Erzähldichtung des Mittelalters vorgeherrscht hat, setzt sich ohne Konkurrenz in der gesprochenen erzählenden, didaktischen und dramatischen Dichtung (z. B. den Fastnachtspielen) des ausgehenden Mittelalters und der frühen Neuzeit fort. Seine damalige Ausprägung wird (ursprünglich abwertend) *Knittelvers* genannt; auch die Formen Knüttelvers und Knüppelvers waren gebräuchlich. Die Herkunft dieser Bezeichnung ist nicht eindeutig geklärt. Zum Knittelvers gehört außer dem Paarreim auf jeden Fall die Vierhebigkeit. Seine Kadenz ist männlich oder weiblich, in Andreas Heuslers Terminologie: einsilbig oder zweisilbig voll; er kann also mit einer Hebung oder mit einer Senkung enden. Heusler unterscheidet zwei Formen des Knittelverses: *den freien und den strengen Knittelvers.* Der erste ist in seiner Silbensumme und das heißt, unter Zugrundelegung des Taktprinzips, in seiner Taktfüllung frei. Er kann mit anderen Worten auftaktig oder auftaktlos beginnen, und die Innentakte können einsilbig oder mehrsilbig gefüllt werden. Die Extremwerte sind 6 und 15 Silben, die übliche Silbenzahl liegt zwischen 7 und 10. Der Nürnberger Hans Rosenplüt (ca. 1400 – ca. 1470) wird immer als der Dichter genannt, für den die Verwendung des freien Knittelverses besonders charakteristisch ist. Neben ihm sind etwa noch Thomas Murner (1475–1537) und Pamphilius Gengenbach (um 1480–1524/25) hervorzuheben. Beim strengen Knittelvers ist die Silbenzahl auf 8 Silben bei männlichem und auf 9 Silben bei weiblichem Ausgang festgelegt:

Ich legt mich nieder, het mein rhu	4 m. | a	(8 Silben)
Unnd hört der vögel singen zu.	4 m. | a	(8 Silben)
Der stimb inn wilden than erklungen.	4 w. | b	(9 Silben)
Die külen lüfftlein sich her-schwungen.	4 w. | b	(9 Silben)

(Hans Sachs, Ein lobspruch der statt Nürnberg, v. 19 ff.)

Dieser Variante des Knittelverses bedienen sich im 16. Jh. u. a. Hans Sachs (1494–1576) und Johann Fischart (1546/47–1590).

Umstritten ist seit langem und bis heute die Frage, wie der strenge Knittelvers zu rhythmisieren ist. Die eine Möglichkeit ist die Rhythmisierung mit sinngemäßer Betonung bei freier Verteilung der vier Hebungen auf die Silben und somit im Einklang von Wortakzent und Versiktus. Dies nimmt Andreas *Heusler* an – im Gegensatz zu dem von ihm vertretenen potentiell tonbeugenden Vortrag des Meistersingerverses. Er rechnet also mit einem Sich-hinwegsetzen über die natürliche Wortbetonung beim gesungenen, nicht aber beim gesprochenen Vers des 16. Jh. Die andere Möglichkeit ist die strikte Alternation mit der Konsequenz sinnwidriger Betonungen (Tonbeugungen); so Karl *Drescher*, Ulrich *Pretzel* u. a. Hierfür dürften, trotz des scharfsinnigen Einspruchs von Hans-Jürgen *Schlütter* (Euph. 60, 1966), die stärkeren Argumente sprechen.

Die gleiche Kontroverse betrifft den sog. deutschen Renaissancevers (vgl. den detaillierten forschungsgeschichtlichen Überblick von Lans Lentz, S. 10–34), Dichtungen wie die von Ambrosius Lobwasser (1515–1585), Paulus Schede Melissus (1539–1602) und namentlich Georg Rudolf Weckherlin (1584–1653; »Oden und Gesänge«, 2 Bücher, 1618/19). In diesem Falle nimmt auch Heusler Alternation an. Indes ist die Berechtigung einer solchen Unterscheidung schwer einzusehen und kaum aufrechtzuerhalten: Für beide Formen, den strengen Knittelvers und den Renaissancevers, wird eher mit der gleichen Vortragsweise zu rechnen sein, das Alternationsprinzip und damit die Vernachlässigung des natürlichen Wortakzents wird in beiden Bereichen gelten – oder aber in keinem von ihnen. Wenig überzeugend ist die von Christian Wagenknecht versuchte Lösung des Problems auf der Grundlage der konsequenten Trennung von Bau und Vortrag des Renaissanceverses (ein Gedanke, der sich im Hinblick auf den strengen Knittelvers übrigens schon bei Andreas Heusler findet [Deutsche Versgeschichte, Bd. III, §914]). Die Vernachlässigung des natürlichen Wortakzents hätte demnach zwar im Bau der Verse und bei ihrem skandierenden Lesen geherrscht, nicht jedoch im üblichen Vortrag (vgl. dazu die Bedenken von Werner Hoffmann, GRM 53, 1972, S. 202 f.).

Literatur:

Chr[istian] Aug[ust] *Mayer*: Die Rhythmik des Hans Sachs, in: Beitr. 28, 1903, S. 457–496.

Georg *Baesecke*: Zur Metrik des 16. und 17. Jahrhunderts, in: Euph. 13, 1906, S. 435–445; wieder abgedruckt in: G. B., Kleine metrische Schriften, 1968, S. 7–15.

Ders.: Luthers deutscher Versbau, in: Beitr. 62, 1938, S. 60–121; wieder abgedruckt in: G. B., Kleine metrische Schriften, 1968, S. 142–185.

Gerhard *Pohl*: Der Strophenbau im deutschen Volkslied, 1921 (= Palaestra. 136).

Ernst Ferdinand *Kossmann*: Die siebenzeilige Strophe in der deutschen Literatur, 1923.

Karl *Drescher*: Einige Gesichtspunkte metrischer Betrachtung, in: Bausteine. Festschrift Max Koch zum 70. Geburtstage, 1926, S. 161–190 (II: Der Hans-Sachs-Vers, S. 173–190).

Bert *Nagel*: Der deutsche Meistersang. Poetische Technik, musikalische Form und Sprachgestaltung der Meistersinger, 1952.

Ders.: Meistersang, 1962, 2., mit einem Nachwort versehene Aufl. 1971 (= SM. 12).

Wolfgang *Kayser*: Geschichte des deutschen Verses. Zehn Vorlesungen für Hörer aller Fakultäten, 1960, ²1971.

Eugen *Geiger*: Der Meistersang des Hans Sachs. Literarhistorische Untersuchung, 1956. [Die metrischen Aspekte treten zurück.]

Waldtraut-Ingeborg *Geppert*: Kirchenlied, in: RL, Bd. 1, ²1958, S. 819–852.

Hubert Plummer *Heinen*: Die rhythmisch-metrische Gestaltung des Knittelverses bei Hans Folz, Diss. University of Texas, 1964 (auch: Marburger Beiträge zur Germanistik, Bd. 12, 1966).

Hans *Lentz*: Zum Verhältnis von Versiktus und Wortakzent im Versbau G. R. Weckherlins, Diss. Marburg 1965 (auch: Studien und Quellen zur Versgeschichte. 1, 1966).

Wolfgang *Stammler*: Meistergesang, in: RL, Bd. 2, ²1965, S. 292–301.

Wolfgang *Suppan*: Volkslied. Seine Sammlung und Erforschung, 1966, ²1978 (= SM. 52).

Hans-Jürgen *Schlütter*: Der Rhythmus im strengen Knittelvers des 16. Jahrhunderts, in: Euph. 60, 1966, S. 48–90.

Christoph *Petzsch*: Zur sogenannten, Hans Folz zugeschriebenen Meistergesangsreform, in: Beitr. 88 (Tüb.), 1967, S. 110–142.

Christian *Wagenknecht*: Weckherlin und Opitz. Zur Metrik der deutschen Renaissancepoesie, 1971. [Dazu Werner *Hoffmann*, GRM 53, 1972, S. 202–205.]

Fritz *Schlawe*: Neudeutsche Metrik, 1972 (= SM. 112).

Horst *Brunner*: Die alten Meister. Studien zu Überlieferung und Rezeption der mittelhochdeutschen Sangspruchdichter im Spätmittelalter und in der frühen Neuzeit, 1975 (= MTU, Bd. 54).

Dietz-Rüdiger *Moser*: Metrik, Sprachbehandlung und Strophenbau [des Volksliedes], in: Handbuch des Volksliedes, Bd. II, 1975, S. 113–173.
Horst Joachim *Frank*: Handbuch der deutschen Strophenformen, 1980.
Weitere Untersuchungen: Aufriß, Bd. III, ^{2}1962, Sp. 2535 ff.

(Nur die Hauptstellen sind verzeichnet, insbesondere die, an denen der Begriff jeweils definiert ist.)

Abgesang 103
Akrostichon 31/32, Anm. 1
Akzent 2
akzentuierendes Verssystem 3
Alliteration 22; 28f. (in der mhd. Dichtung)
alternierender Rhythmus 34
ambrosianische Hymnenstrophe 40f.
antike Metren 3
Aphärese 71
Apokope 71
Assonanz 37f.
Asynaphie 73f.
Atonon 71
Aufgesang 103
Auftakt 3; 10

Bar 119
Bernerton 94f.
beschwerte Hebung 67f.
betonter Strophenschluß 82
Bogenstil 76; 85 (im Nibelungenlied)

carmina metrica 41
carmina rhythmica 41

Daktylen (mhd.) 107f.
Descort 113
Diärese 8
dōn 97
Dukus-Horant-Strophe 91f.

Eckenstrophe 94f.
Elision 70f.
Endreim 14ff. (vgl. auch s. v. Reim)
Endsilbenreim 38f.
Enjambement 76
Enklise 71
Estampie 113

Füllungsfreiheit 10

Gegenkehrreim 124
Geleit vgl. tornada
Gesätz 119
gespalten wīs 105

Hakenstil 76; 85 (im Nibelungenlied)
Hauptstab 23
Hebung 3
Hebungsprall 67
Hergerstrophe 102
Herzog-Ernst-Ton 95
Heunenweise 90
Hiat(us) 34
Hildebrandston 89f.
Homoioteleuton 46
Hort 119

Iktus 3

»Jüngerer Titurel«, Strophe des 93

Kadenzen 10; 33 (bei Otfrid); 57f. (im Frmhd.); 71ff. (in der höfischen Reimpaardichtung)
Kadenzentausch 83
Kadenzwechsel 84
Kanzone 103ff.
Kehrreim s. Refrain
Kirchenlied 121ff.
Knittelvers 125f.
Kolon 12
Kontrafakt/Kontrafaktur 98
Korn 101
Krasis 71
Kudrunstrophe 91
Kürnbergerstrophe 87
kurze Verse 8

Lai 113

Laisse 52, Anm. 1
lange Verse 8
Langvers (Langzeile) 23; 32 f. (bei Otfrid); 52 ff. (in der frmhd. Dichtung)
Leich 111 ff.
Leis 122
leoninischer Hexameter 43
liet 97
Lindenschmidtstrophe 94
Lutherstrophe 123

Meistersang 119 ff.
Metaplasmus 35
metrische Zeichensprache 6 f.
metrischer Rahmen 7 ff.
Modalinterpretation 99
Mora 7
Morolfstrophe 94

Nibelungenstrophe 81 ff.

Otfridstrophe 31

Positionslänge 3; 5
Proklise 71
Prosareim 47

Quantität der Silben 3 (im Lat.); 4 f. (im Dt.)
quantitierendes Verssystem 3

Rabenschlachtstrophe 92
Refrain 124
Reim 13 ff. (Arten des Reims); 36 ff. (in ahd. Dichtungen); 45 ff. (Herkunft des Reims); 59 f. (in der frmhd. Dichtung); 64 (Bedeutung des Wortes im Mhd.); 65 f. (in der hochmittelalterlichen Reimpaardichtung)
Reimbindung 77
Reimbrechung 78
Reimteilung 19
Reprisenbar 119
Reprisenkanzone 105
Response (in der Sequenz und im Leich) 111 f.

Responsionen 107
Rhythmus 2; 11 ff.
Rundkanzone 105

Schlußbeschwerung 82
Schwarzer Ton 93 f.
schwebende Betonung 6; 67
Schwellverse 24
Senkung 3
Sequenz 111 f.
Spaltung der Hebung 9; 69 f.
Spaltung der Senkung 9; 69 f.
Spervogelstrophe 110
Spruchdichtung 108 ff.
Stab 22
Stabreim 22
Steg 105
stichische Dichtungen 8
Stichreim 19
Stollen 103
Stollenreprise 105
stolliger Strophenbau 103 ff.
Stricker-Kadenz 72
Strophenenjambement 85
Stützen (Stollen) 23
Synalöphe 35; 71
Synaphie 73 f.
Synkope 71
Synkope der Senkung 67

Tabulatur 119
Takt 3 f.; 25 f. (im germ. Stabreimvers)
Taktarten (Taktgeschlechter) 7 f.
Telestichon 31/32, Anm. 1
Titurelstrophe 92 f.
Tonbeugung 5; 120 (im Meistersang); 126 (im strengen Knittelvers)
tornada 106

Versfüllung 9 f.
Versgegenden 10
Versgeschichte 1 f.
Versikel 111; 113
Versschnitt vgl. Zäsur
Versteilung 76
Verswissenschaft 1 f.

Volkslied 123 ff.
Vorauserwartung 2

Waise 101
Waisenterzine 94; 101
Walther-und-Hildegund-Strophe
   90 f.

wise 97
wort 97

Zäsur 8
Zeilensprung vgl. Enjambement
Zeilenstil 75 f.; 84 (im Nibelungen-
   lied)

M 55 Röhrich *Sage*
M 56 Catholy *Fastnachtspiel*
M 57 Siegrist *Albrecht von Haller*
M 58 Durzak *Hermann Broch*
M 59 Behrmann *Einführung in die Analyse von Prosatexten*
M 60 Fehr *Jeremias Gotthelf*
M 61 Geiger *Reise eines Erdbewohners i. d. Mars. Faksimiledruck*
M 62 Pütz *Friedrich Nietzsche*
M 63 Böschenstein-Schäfer *Idylle*
M 64 Hoffmann *Altdeutsche Metrik*
M 65 Guthke *Gotthold Ephraim Lessing*
M 66 Leibfried *Fabel*
M 67 von See *Germanische Verskunst*
M 68 Kimpel *Der Roman der Aufklärung (1670–1774)*
M 69 Moritz *Andreas Hartknopf. Faksimiledruck*
M 70 Schlegel *Gespräch über die Poesie. Faksimiledruck*
M 71 Helmers *Wilhelm Raabe*
M 72 Düwel *Einführung in die Runenkunde*
M 73 Raabe *Einführung in die Quellenkunde*
M 74 Raabe *Quellenrepertorium*
M 75 Hoefert *Das Drama des Naturalismus*
M 76 Mannack *Andreas Gryphius*
M 77 Straßner *Schwank*
M 78 Schier *Saga*
M 79 Weber-Kellermann *Deutsche Volkskunde*
M 80 Kully *Johann Peter Hebel*
M 81 Jost *Literarischer Jugendstil*
M 82 Reichmann *Germanistische Lexikologie*
M 83 Haas *Essay*
M 84 Boeschenstein *Gottfried Keller*
M 85 Boerner *Tagebuch*
M 86 Sjölin *Einführung in das Friesische*
M 87 Sandkühler *Schelling*
M 88 Opitz *Jugendschriften. Faksimiledruck*
M 89 Behrmann *Einführung in die Analyse von Verstexten*
M 90 Winkler *Stefan George*
M 91 Schweikert *Jean Paul*
M 92 Hein *Ferdinand Raimund*
M 93 Barth *Literarisches Weimar. 16.–20. Jh.*
M 94 Könneker *Hans Sachs*
M 95 Sommer *Christoph Martin Wieland*
M 96 van Ingen *Philipp von Zesen*
M 97 Asmuth *Daniel Casper von Lohenstein*
M 98 Schulte-Sasse *Literarische Wertung*
M 99 Weydt *H. J. Chr. von Grimmelshausen*
M 100 Denecke *Jacob Grimm und sein Bruder Wilhelm*
M 101 Grothe *Anekdote*
M 102 Fehr *Conrad Ferdinand Meyer*
M 103 Sowinski *Lehrhafte Dichtung des Mittelalters*
M 104 Heike *Phonologie*
M 105 Prangel *Alfred Döblin*
M 106 Uecker *Germanische Heldensage*
M 107 Hoefert *Gerhart Hauptmann*
M 108 Werner *Phonemik des Deutschen*

M 109 Otto *Sprachgesellschaften des 17. Jh.*
M 110 Winkler *George-Kreis*
M 111 Orendel *Der Graue Rock (Faksimileausgabe)*
M 112 Schlawe *Neudeutsche Metrik*
M 113 Bender *Bodmer / Breitinger*
M 114 Jolles *Theodor Fontane*
M 115 Foltin *Franz Werfel*
M 116 Guthke *Das deutsche bürgerliche Trauerspiel*
M 117 Nägele *J. P. Jacobsen*
M 118 Schiller *Anthologie auf das Jahr 1782 (Faksimileausgabe)*
M 119 Hoffmeister *Petrarkistische Lyrik*
M 120 Soudek *Meister Eckhart*
M 121 Hocks / Schmidt *Lit. u. polit. Zeitschriften 1789–1805*
M 122 Vinçon *Theodor Storm*
M 123 Buntz *Die deutsche Alexanderdichtung des Mittelalters*
M 124 Saas *Georg Trakl*
M 126 Klopstock *Oden und Elegien (Faksimileausgabe)*
M 127 Biesterfeld *Die literarische Utopie*
M 128 Meid *Barockroman*
M 129 King *Literarische Zeitschriften 1945–1970*
M 130 Petzoldt *Bänkelsang*
M 131 Fischer *Karl Kraus*
M 132 Stein *Epochenproblem »Vormärz« (1815–1848)*
M 133 Koch *Das deutsche Singspiel*
M 134 Christiansen *Fritz Reuter*
M 135 Kartschoke *Altdeutsche Bibeldichtung*
M 136 Koester *Hermann Hesse*
M 138 Dietz *Franz Kafka*
M 140 Groseclose / Murdoch *Ahd. poetische Denkmäler*
M 141 Franzen *Martin Heidegger*
M 142 Ketelsen *Völkisch-nationale und NS-Literatur*
M 143 Jörgensen *Johann Georg Hamann*
M 144 Schutte *Lyrik des deutschen Naturalismus (1885–1893)*
M 145 Hein *Dorfgeschichte*
M 146 Daus *Zola und der französische Naturalismus*
M 147 Daus *Das Theater des Absurden*
M 148 Grimm u. a. *Einführung in die frz. Lit.wissenschaft*
M 149 Ludwig *Arbeiterliteratur in Deutschland*
M 150 Stephan *Literarischer Jakobinismus in Deutschland*
M 151 Haymes *Das mündliche Epos*
M 152 Widhammer *Literaturtheorie des Realismus*
M 153 Schneider *A. v. Droste-Hülshoff*
M 154 Röhrich-Mieder *Sprichwort*
M 155 Tismar *Kunstmärchen*
M 156 Steiner *Georg Forster*
M 157 Aust *Literatur des Realismus*
M 158 Fähnders *Proletarisch-revolutionäre Literatur*
M 159 Knapp *Georg Büchner*
M 160 Wiegmann *Geschichte der Poetik*
M 161 Brockmeier *François Villon*
M 162 Wetzel *Romanische Novelle*
M 163 Pape *Wilhelm Busch*
M 164 Siegel *Die Reportage*
M 165 Dinse / Liptzin *Jiddische Literatur*